为黄山而生

童乃寿传

时代出版传媒股份有限公司
安徽文艺出版社

為黃山而生

杜城题

童乃寿传

周玉冰◎著

Wei Huangshan Er Sheng

Tong Naishou Zhuan

他，用一支笔画出了黄山雄奇百态；

他，用满腔热情画出了黄山别样神韵；

他，是黄山无法替代的另一个艺术符号。

ARTTIME 时代出版
时代出版传媒股份有限公司
安徽文艺出版社

图书在版编目(CIP)数据

为黄山而生:童乃寿传/周玉冰著. —合肥:安徽文艺出版社,2014.8

ISBN 978-7-5396-5027-2

Ⅰ. ①为… Ⅱ. ①周… Ⅲ. ①童乃寿(1941~2014)-传记 Ⅳ. ①K825.72

中国版本图书馆 CIP 数据核字(2014)第 146106 号

出 版 人:朱寒冬　　策　　划:刘　哲
责任编辑:宋潇婧　　装帧设计:许含章

出版发行:时代出版传媒股份有限公司 www.press-mart.com
安徽文艺出版社 www.awpub.com
地　　址:合肥市翡翠路 1118 号　邮政编码:230071
营 销 部:(0551)63533889
印　　制:安徽联众印刷有限公司　(0551)65661327

开本:710×1010　1/16　印张:20.5　字数:230 千字
版次:2014 年 8 月第 1 版　2014 年 8 月第 1 次印刷
定价:62.00 元(精装)

童乃寿先生

童乃寿先生在工作室创作

20世纪90年代末，童乃寿先生(右)向韩国原州市市长(左)赠送画作。

中国文联副主席、美术家协会主席刘大为等领导观看童乃寿先生作品《八百里黄山松云揽胜图》。

2010年，童乃寿先生在黄山写生。

2011年10月5日，童乃寿中国画展在合肥举行。

2011年10月5日，童乃寿中国画展研讨会在合肥召开。

2013年，童乃寿中国画展在中国美术馆开展。

童乃寿先生画作《皖南陈村桃花潭》(1974 年作)

童乃寿先生画作《黄山白鹅岭》(1974 年作)

童乃寿先生画作《皖南写生—陈村水库》(1974 年作)

童乃寿先生画作《菊花图》(1976 年作)

童乃寿先生画作《梦笔生花》(1978 年作)

童乃寿先生画作《文光亭》(1980 年作)

童乃寿先生画作《鸣弦泉》(1980 年作)

童乃寿先生画作《玉屏峰》(1980 年作)

童乃寿先生画作《始信峰》(1980 年作)

童乃寿先生画作《耕云峰》(1980 年作)

童乃寿先生画作《峨眉烟岚》(1981 年作)

童乃寿先生画作《听涛居》(1986 年作)

童乃寿先生画作《万山深处》(1986 年作)

童乃寿先生画作《桃溪之春》(1986 年作)

童乃寿先生画作《岁寒三友图》(1986 年作)

童乃寿先生画作《黄山清居》(1987 年作)

童乃寿先生画作《黄山云海景观》(1991 年作)

童乃寿先生画作《黄山西海群峰烟云揽胜》(1991 年作)

童乃寿先生画作《长江三峡》(1992 年作)

童乃寿先生画作《朝日黄山图》(1992 年作)

童乃寿先生画作《黄山烟云》(1993年作)

童乃寿先生画作《黄山云》(1993 年作)

童乃寿先生画作《松谷雪雾图》(1994 年作)

童乃寿先生画作《劲松》(2009 年作)

童乃寿先生画作《翠微晓雾》(2009 年作)

童乃寿先生画作《黟山松风》(2009 年作)

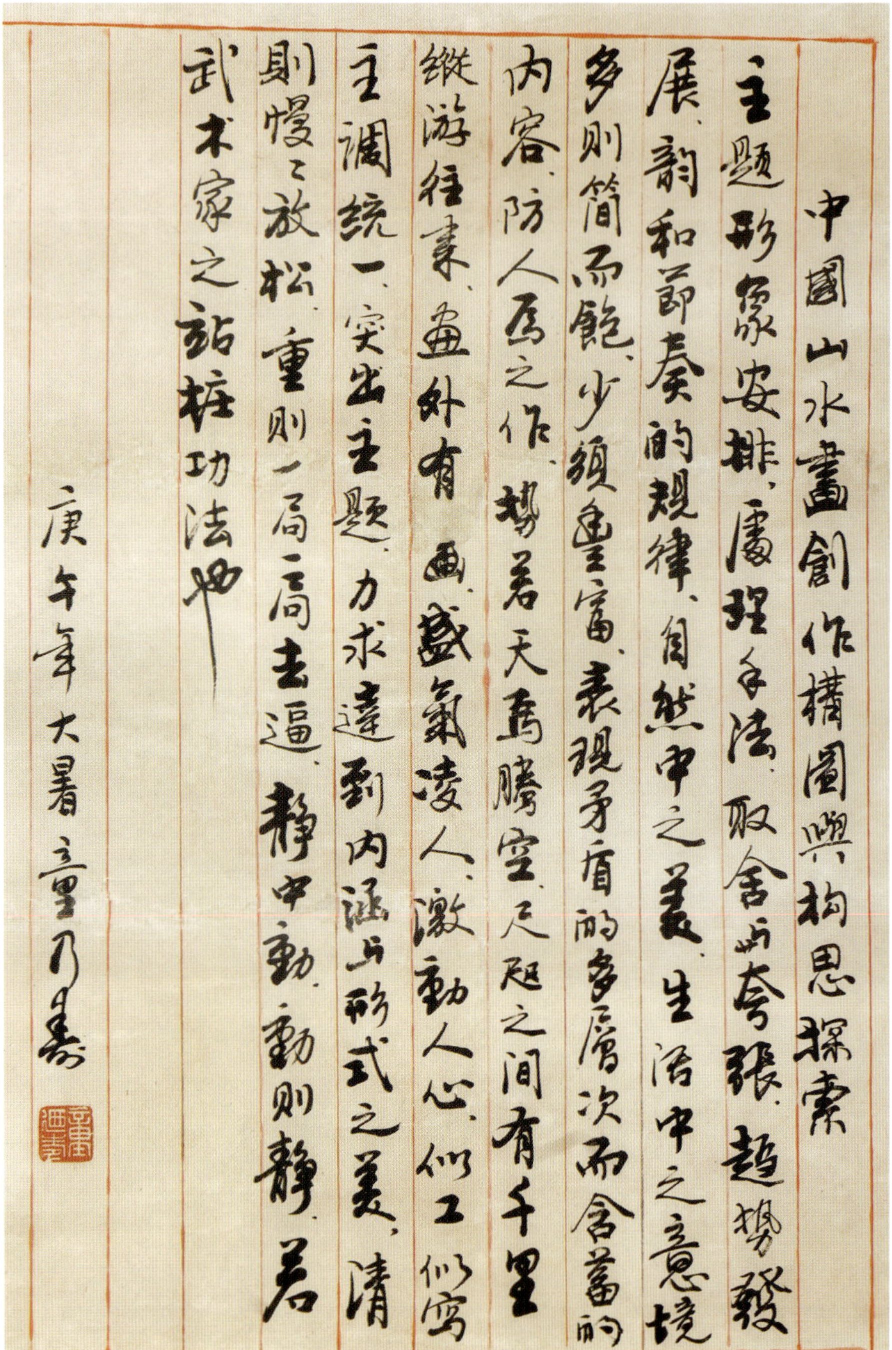

中國山水畫創作構圖與構思探索

主題形象安排、處理手法、取舍与夸張、趋勢發展、韵和節奏的規律、自然中之美、生活中之意境、多則简而飽、少須豐富、表現矛盾的多層次而含蓄的内容、防人為之作、勢若天馬騰空、尺咫之間有千里縱游往來、畫外有画、盛氣凌人、激動人心、似工似寫、主調统一、突出主題、力求達到内涵与形式之美、清則慢慢放松、重則一局一局去逼、静中動、動則静、若武术家之站桩功法也

庚午年大暑 童乃寿

童乃寿先生自书绘画理论。

童乃寿,中国美术家协会会员,国家一级美术师,广州岭南国画研究院导师,广州岭南书画院名誉院长,中国神州书画院名誉院长兼艺术顾问,中国徽派书画院名誉院长,合肥市书画院专职画家,合肥市美术家协会副主席。

童乃寿1941年元月生于安徽省巢县(今属合肥市),自幼研习绘画,1959年师从海派大家孔小瑜和新安派著名画家童雪鸿、张君逸习画,20世纪70年代受教于著名画家方济众和应野平。童乃寿创作的作品题材多样,山水、花鸟、书法无一不精,特别是以黄山为题材的艺术作品备受社会赞赏。他致力于传统技法的继承、创新和发展,坚持深入生活进行写生创作,终于形成了笔墨老辣、奔放、厚重的风格。童乃寿绘画长于用水,以水运墨,以墨托水,完美地将黄山烟云变幻之万象形诸笔下。其画作多次作为政府礼品赠送外宾,20世纪八九十年代即为国家和省、市政府重要会议场所创作巨幅国画作品,其个人艺术作品先后在美国、德国、日本、新加坡等地展出、出版,并被艺术机构收藏。

1993年,其创作的巨幅作品《黄山烟云》参加中国首届山水画展,

1994年应中国美协邀请赴纽约展出并被收藏。1994年创作的《黄山烟云》、2002年创作的《登黄山偶感》国画作品经中国美协和国务院办公厅推荐，被中南海紫光阁收藏，并被遴选载入《中南海紫光阁藏画集》。

童乃寿的艺术作品、论文分别发表在《人民日报》《安徽日报》《文汇报》《美术》《国画家》《美术报》等报纸期刊上。

2010年安徽电视台《天下安徽人》栏目组摄制专题片《山水画家童乃寿》上、下集并播出。

童乃寿先后出版有《中国当代名家画集——童乃寿》《中国当代名家选粹》（人民美术出版社）、《中国近现代名家画集——童乃寿》（天津人民美术出版社）、《大匠之门——童乃寿写意山水精选》（北京工艺美术出版社）等多本画集。

2014年3月19日，童乃寿因病去世，享年73岁。

序

林存安

童乃寿先生走了。他带着对人民的深情厚谊走了,他带着对山水树木的深情厚谊走了……我与他相识已三十多年,平时交往不是太多,偶尔在一起画画、聊天,相处得很淡,但情谊很深。他给我留下的突出印象:待人谦和,为人真诚,处事厚道,从艺精勤。与他在一起时,你会感到他通体透明、性情纯真,就像他的中国画一样,浓墨也亮,淡墨也亮,正所谓人品即画品。

童乃寿先生的中国画艺术,应该纳入中国画文脉的发展进程去审视。他是在安徽这方沃土上成长并有所建树的中国画家,他也是老百姓熟悉、美术界尊敬的人民艺术家。

天资聪慧,尊师重学。乃寿先生不具家学渊源,是靠着自己的天分、勤奋和尊师重学成功的。他自幼喜爱画画,得到相邻长者的提携和关心。柳远宏、舒荫黎是他的启蒙老师,把他引进了从艺之门。舒荫黎老师将他推荐到童雪鸿门下。童雪鸿是安徽八老之一,诗、书、画、印俱精。在童雪鸿先生的悉心指导下,童乃寿得到了系统的学习和训练。他之后还得到王碧梧、陆敏荪、申茂之、方雪鸪、陆寰生、张君逸、王石岑等老师的培养和教育,对书法和绘画有了系统的学习和研究。在学习过程中,他有幸先后得到了萧龙士、懒悟、沈尹默、潘天寿、陆俨少等名家指点,领悟了中国画艺术的高端境界。童乃寿对老师尊重,对知识敬畏,学习勤奋,用心得法。他除了向老师学、向大师学,还特别注意向同道学,比如赖少其、郭公达、裴家同、张建中、陶天月等,他都用心吸收他们所长,见贤思齐。

深入生活,探索规律。我认为这是童乃寿取得成功的一个重要因素。"外师造化、中得心源"。师造化是成功的中国画家必须遵循的艺术规律。童乃寿足迹遍布皖南、皖西、皖中、四川、湖南,深入黄山、天柱、峨眉、张家界,画了大量的写生速写,可谓"搜尽奇峰打草稿"。他最钟情的还是黄山,他一生画黄山、想黄山、思黄山、研究黄山,黄山是他的艺术载体,是他的精神家园。历史上画黄山的画家很多,明清以来有渐江、石涛、梅清、戴本孝等,今人有黄宾虹、刘海粟、董寿平、李可染、赖少其等,他们都各具特色,各有面貌。童乃寿能够兼收并蓄,另辟蹊径,画出自己的感受、自己的风格。在大量的写生活动中,最让他感到难忘并收获甚大的是1977年与著名画家应野平、方济众等一行在皖南、皖西写生的经历。这一次他画得多、画得好,使他从写生中感悟了创作、感悟到生活与艺术的关系。他曾亲口对我说,画黄山除了要把握黄山的自然风貌,还要有诗人的夸张、处理和浪漫情怀。

守正出新,久久为功。乃寿先生一生从艺,虽条件不优,历经坎坷,可他信念坚定,执着进取,在七十多年的人生道路上他丝毫没有懈怠,只有攀登。早年拜师、访友,求学问道,都是满腔热忱,不耻下问。在学习的过程中,他总是心无旁骛、踏实勤奋、用功过人。外出写生,他比同道跑得多、画的多。参加笔会,他比别人去的早、收工晚。他靠着自己的默默耕耘,一步一步的进入“童家山水”的境界。

童家山水,面貌彰显。孔小瑜在与童乃寿谈艺时,指导他要“以自然为师,画出童家山水”。这对童乃寿触动很大。几十年的绘画生涯,他一手伸向传统,一手伸向生活,同时用脑用心研究、思考继承与发展的问题,创新“童家山水”。童乃寿的作品充分发挥了中国画表现方法以线为主的特长,造型概括,风骨遒劲。他的用笔苍茫而果断,纷繁而周密,具有雄健、刚直、凝练、老辣、生涩的特点。他善用浓墨、泼墨,间用焦墨、破墨,枯湿浓淡,郁郁葱葱,均浑然天成,设色淡雅,清逸俊朗。他善画云海,出神入化,直入仙境。他注重中国画的构图规律,尚气势,重整体,惨淡经营,出奇制胜。童乃寿的作品,立意清新,格高意远,彰显了“童家山水”的独特意蕴。

“君子务本,本立而道生”。童乃寿一生光明磊落,朴厚正直,待人和蔼可亲,他生活简朴,唯嗜酒嗜烟,饮酒作画,乐在其中。晚年病痛缠身,仍作画不辍。

《为黄山而生》这部书,通过大量的采访,获取了丰富而翔实的资料,紧紧扣住了童乃寿为中国画事业追求不止,为黄山奋斗不息的主线,将一个有血有肉、有情有义的艺术家形象地呈现在读者面前,许多章节让人读之潸然泪下。本书将童乃寿待老师的恩情,待恩人的感怀,在艺术苦旅上的郁闷与徘徊,收获和喜悦,包括他的宽厚和仁慈,都写得入木三分,扣人心弦。

本书作者周玉冰是一位有实力而低调内敛的作家,以人物传记见长,迄今为止正式出版十余部文学作品。他写诗人海子、写黄梅戏一代宗师严凤英、写中国气象学泰斗叶笃正,也写时代英模雷锋等。他的作品有动人故事、有历史脉络、有思想深度、有社会风情,每一部作品都写出了人物的灵魂。作者从小喜爱美术,大学时有美术作品参展,对安徽美术界尤为熟悉,因而写起美术人物更得心应手。作品把所写主人置身于时代潮流中,置身于安徽美术发展中,捕捉他人生闪光点,重在他的艺术探索与追求,重在他的人格魅力。可以说,童乃寿是黄山的知音,作者是童乃寿的知音。

这是一部为黄山而生、为黄山而活的艺术家的人生传奇,也是一部一代大画家成长的奋斗史,更是当代安徽美术的发展史、新徽派书画家群体风采的呈现。于欣赏、于研究,都极具价值。

是为序。

存安

(林存安,安徽省美术家协会常务副主席。历任合肥市政府副秘书长,合肥市教育局局长、党组书记,合肥学院党委副书记,合肥市市委秘书长,合肥市市委常委、宣传部长。2014 年 1 月当选为合肥市人大常委会副主任。)

目录

第六章　人生新境

引 子

2011年10月5日,合肥的天空一片明朗,云淡风轻。

位于安庆路上的安徽省博物馆内,人头攒动,由安徽省文化厅、省文联等单位举办的“童乃寿中国画展”在此开幕。当天参观者走了一批来一批,比肩接踵,开创了数年来安徽省博物馆内画展参观人数之最。

开幕式过后,又举办了研讨会,数百名书画家和书画爱好者自发参与研讨。讨论之深入、研究规模之大,在安徽画坛更是少见。

展览共展出了童乃寿近40年来不同时期的山水、花鸟画200多幅。尤其是他画黄山的作品,墨色氤氲淋漓,神韵浑然苍茫,呈现出空灵、苍润的美感,似乎空气中都回荡着黄山云烟,从远古而来,一股静谧轻灵的气息沁人心脾,为合肥这座大湖名城平增文化魅力。

南京的观众来了,杭州的观众来了,上海的观众来了,北京的观众来了……一连几天展览,云聚了从各地赶来的观赏者。人们找到画家本人,询问他的绘画历程。许多书画爱好者更是求教如何表现出山脉的肌理与风骨。

开幕式上,还进行了《中国当代名家画集——童乃寿》一书的首发式。这是以“大红袍”方式装帧上市的，是人民美术出版社给有卓越贡献画家的极高礼遇。人民美术出版社总编林阳说，童乃寿以全票获得出版社出版选题，这“既是对童乃寿先生绘画创作的肯定，也是向童乃寿先生的艺术探索表示深深的敬意”。

从一个乡间少年，成长为独具艺术特色的大画家。童乃寿，数十年来人生追求不寻常，冷暖甘苦独自知。

第一章　艺术启蒙

艺术的种子

一颗种子，悄然种下
岁月就会斑斓
梦想就会斑斓

1 月 1 日是一个世界性的节日，称为元旦。

清朝统治瓦解之后，1912 年 1 月 2 日，孙中山通电各省都督：中华民国改用公元纪年。南京国民政府还曾颁布命令，自 1929 年 1 月 1 日起，废除旧历和禁过旧年。

不过，春节是从中国几千年的农业文明中提炼出来的节日，已深深融入中国人的血脉中。这是行政命令废除不了的。于是，元旦也过，除夕也过，成为此后中国人的生活习俗。

1941 年 1 月 1 日，安徽巢县柘皋镇王庄村童兴友家喜气洋洋，接生的老妈子们跑来跑去，端水的端水，祈祷的祈祷。

一位接生婆兴奋地告诉焦急等待的童兴友："生了，生了，母子平安，是个男孩，大大的眼睛，高高的鼻梁，漂亮得很！"

童兴友高兴得差点蹦起来:"今天日子好啊,按照新规定,是一年的开始呢!"

童兴友靠点薄田过日子,给邻村一家邹姓糕饼坊做帮工,日子过得很艰苦,平时攒下的几个鸡蛋要给媳妇补补营养。用什么招待大家呢?好在他是个会持家的人,平时就把东家给的糕点攒了起来,这不,正好分给前来探望的妇女和小孩。

孩子一天天长大,童兴友根据家谱辈分"长兴乃有贤",给他取名童乃寿。

小乃寿聪明、灵活。因为家境贫寒,童兴友为人家做长工,小乃寿则给财主家放牛。6岁的时候,小乃寿被送进财主家的私塾里,陪财主家少爷读书。

私塾老师教学生毛笔字,教得最多的是赵孟頫的楷书碑帖,学生写得好就用红色圈一个圈。其他孩子每页几个圈,童乃寿的习字本上则是一圈到底。

财主家少爷笨,书总是背不出。老师干脆让小乃寿教财主家少年和其他孩子,他成了老师的助手,大家喊他"小先生"。

财主家少爷不服气,让同在私塾的堂兄与乃寿比试背书,背《三字经》《百家姓》,输了得认少爷为老大。

比赛开始,两人很快都熟背出来了,胜负难分。小乃寿说,这样背书算不上本事,能倒背出来,那才叫本事。

"你能倒背?吹吧!"大家说道。

小乃寿背了起来,从后往前,一句一句背出来,一字不落,大家都傻眼了。从此,财主家少爷对小乃寿佩服得五体投地,经常从家里拿

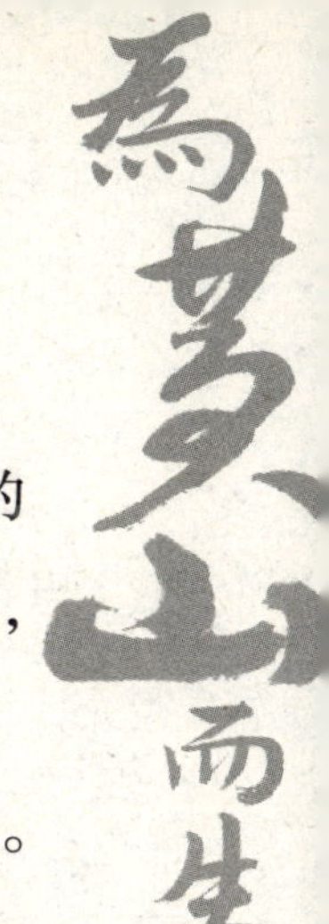

鸡蛋给他吃，请他代老师打自己板子的时候轻一点。

童家隔壁有个柳远宏，是方圆十几里闻名的画师。有人家里的孩子生病要驱鬼神画钟馗，或者有哪个村子建祠堂要画祖先人物像，都请他去画。

小乃寿喜欢画画，常常跟随在柳远宏身后，看多了，也画起来。有一次，他画了一幅画，有山有水、有村舍小桥。柳远宏看了很吃惊，逢人便说，这孩子这么小就懂得构图，今后有出息。他拿出家里珍藏的《芥子园画谱·山水卷》给小乃寿临摹。

小乃寿如获至宝，有事没事就临摹起来，在地上画，在墙上画。

柳远宏看他画得好，便给他纸，他更是画得认真，画好一张急忙送去请柳老师指点。柳远宏总是赞叹，有时也指点他注意笔墨功夫。

巢湖地区很信仰钟馗，孩子生病了，大人不舒服，总要画张钟馗像，或者挂在床头，或者烧了驱神。有一次，有人来请柳远宏画钟馗，但他去了柘皋。来人在屋外等，左等右等都不见，眼看日落西山，还不见柳远宏的身影。童乃寿看来人急得团团转，跑回家，拿起笔唰唰画了起来，不一会，一个威武的钟馗跃然纸上。

“你看，这个钟馗可喜欢？”

“喜欢喜欢，太好了！你家有柳老师的画？怎不早说呢？”

“我画的。本来不敢画，看你急，便画了。”

“我还以为是柳老师的画呢！”来人惊呆了，道谢后飞快往家里跑去，见到打招呼的就说，“童兴友家那孩子不得了，钟馗画得真好！”

从此，周边几个村子，许多人都来找童乃寿画画。

艺术的种子，就这样悄然种下。

艺惊乡邻

我用稚嫩的双手
摸索这广大的土地
我用童真的心灵
打量这美丽的世界

童乃寿沉浸在自己童年的乐趣中，只顾识字、画画，丝毫没有意识到中国的历史正在翻天覆地变化。

1949 年 1 月 24 日，华东野战军先遣支队一部解放了巢县。童兴友带着各界人士上街贴标语、放鞭炮，欢迎解放军进城。原来，在糕饼坊做零工的父亲童兴友悄悄参加革命，加入了共产党。

随后，中共巢县县委、县政府在柘皋镇成立。曹树华、方茂初分别任县委书记、县长。童兴友是与他们一起参加过战斗的，被分到镇里工作，当上了供销社主任。在当时，这是令许多人羡慕的职业。

让童乃寿切实感受到时代变化的，则是他读了几年的私塾没有了。1951 年，他被转入公立田埠尹小学读书。

10 岁的童乃寿重新读一年级，与一些六七岁的孩子同学。对于已经读过 3 年私塾的童乃寿而言，学习是毫不费力的。他写一手漂亮的字，能背许多唐诗宋词，是学生仰慕的对象，老师更是把他当教学

助手。

带完同学读书，检查完作业，童乃寿就没事干了，唯一能做的就是画画。他上课的时候画课本上的插图，下课的时候看到什么画什么。

1950 年 6 月 28 日，毛泽东发表讲话，号召“全国和全世界的人民团结起来，进行充分的准备，打败美帝国主义的任何挑衅”。随后，在激昂和自信的时代气息中，巢县成立了抗美援朝分会，一批批志愿军奔赴朝鲜作战。“雄纠纠，气昂昂，跨过鸭绿江；保和平，为祖国，就是保家乡；中国好儿女，齐心团结紧；抗美援朝打败美帝野心狼”的歌声传唱大江南北。

童乃寿也深受影响，激昂的旋律让他心潮起伏。他表达内心的激动与祝愿不是唱歌，而是画画。有一次，他找了几块烧过柴火的炭头，在一户人家雪白的外墙上画起了志愿军战士跨过鸭绿江的画面，村子里的人看了都叫好。

叫好声惊动了当地另一位画家，人称“徐三先生”。

徐三先生很有传奇色彩，他从不掏钱买肉，爱吃野味，隔几天就到林子里用石头砸鸟，一个石头一只鸟，从不失手。周边孩子们看到，很羡慕他的绝技，也学他用石头砸鸟，总是砸不到。

有孩子想学砸鸟的功夫。

他一脸的不高兴：“你们都砸，鸟砸光了怎么办？”

有顽皮的孩子问他：“怕砸光了，你怎么砸呢？”

“我是有计划地砸，不影响鸟的传宗接代，你们都胡来，就没有鸟了。看不到鸟飞，听不到鸟唱，你说这是什么样的世界？知道什么是最美的世界吗？鸟语花香，碧水青山！”

徐三先生看了童乃寿的画，说：“这孩子有悟性，造型能力强，会有大出息的。”

众人的称赞，又惊动了巢县一位大画家——舒荫黎。

在巢县，舒荫黎家喻户晓。他早年毕业于刘海粟创办的上海美专。据说，因为他的画画得好，尤其是竹子，直追郑板桥，有个上海富家女孩喜欢他，要他留在上海。可是，他舍不得家乡的山山水水，放不下家里亲人，还是与女孩洒泪分手，回到了巢县，以画画为生，有时给附近的龙华寺中学上美术课。

舒荫黎特意跑过来看童乃寿的墙上画，找到童兴友说：“你这孩子不简单，画画看线条，他线条画得好，像专业学校的学生，一定能成为大画家。”

“画家这么容易？我准备让他读点书，进我们供销社，跟师傅们宰猪或者卖食品呢。”童兴友是谦虚，也是打趣。

舒荫黎气得吹胡子瞪眼：“你真该去杀猪，你知道这孩子多么有画画的天赋吗？你别耽误他！”

童兴友笑了：“怎么会呢？谢谢舒老师您这么看重他。你看，我们都是大字不识几个的人，更别说画画了，您能不能教他？”

“行，这没问题。”

童兴友喜出望外，正好家里有猪下水，招呼妻子赶紧做了，留舒荫黎吃饭。

请老师吃饭，得有酒。童兴友是镇供销社主任，家里老白干酒还是有的，当天，一家人左一杯右一杯地敬着舒荫黎，童乃寿虽然只有

12 岁,也大碗喝起酒来。

舒荫黎喝醉了,小乃寿扶着他回到柘皋镇。一路上,舒荫黎总是醉醺醺地说:“你一定要坚持画画,别听你父亲的,他要让你去杀猪,糊涂,荒唐!”

“我父亲说的是笑话呢,他不是请您教我吗?”

“知道他是说笑的,但我生气,他们太不识才,否则笑话都不会说的。他们应该创造条件让你画画,不仅仅是拜师,还要上美术学校,接受专业训练。你小学毕业了,就考龙华寺中学,那样,我常到那里教学生,也可以教你。”

“好的,我一定考龙华寺中学。”童乃寿郑重地承诺。

啊，母 亲

寻找您的日子　我泪眼弥漫

只希望生命中多些夜晚

在梦里　感受您抚摸我的脸庞

20 世纪四五十年代，文化、医疗水平较低，人们总是把生病生灾与鬼神联系起来。于是，驱神民俗在农村演绎得非常浓烈。为祈求吉利，人们纷纷请童乃寿画画。乡间的人们热情，为了答谢，往往要送给他几个鸡蛋，有的还请他吃饭，席间少不了柘皋镇生产的白酒。

十几岁的童乃寿，画画出名，喝酒也是出名的。

柘皋的白酒很出名。因为这个地方历史悠久，又是鱼米之乡。

柘皋历史悠久，是有史为证的。它曾以“弜台”之名刻记楚简，“槖皋”之名载入《春秋》。“弜台”为“射台”的古文写法，这是槖皋的“乳名”。

西周初期，群舒诸国一支在此建立宗国，春秋时先属楚后属吴。公元 483 年，鲁哀公会吴王差于槖皋。那该是何等气派！所以，柘皋还有一个雅称叫“会吴城”。

西汉时期，朝廷在这里设置槖皋县，属九江郡。唐时置槖皋镇，属巢县。南宋时改称柘皋。它以得天独厚的地理位置和复杂显要的

政史资历，一直为皖中财物聚散的市埠、南北交通商旅的枢纽和江淮军事战略要地。

历经数千年岁月积累，到明末清初的时候，柘皋形成了东街、西街、北闸街、河西、石梁街等街道。商店、茶馆、酒肆、澡堂组成了一个繁华世界，连晚清重臣李鸿章的家族都在这里开设当铺。

追溯起来，柘皋满城酒香弥漫最鼎盛是在明清之际。随着柘皋的逐渐没落，一批酿酒师也散落他乡。但过了鼎盛时期，柘皋依旧充满酒香。

1952 年 2 月，县政府由柘皋迁至巢城。

童兴友常去县里开会，离家要远些，常常早上出门，晚上才能回家。

有一天，他开会回来，妻子病倒了，检查出是肺上的毛病。

小乃寿还依旧是读他的书，画他的画。

1953 年冬天，巢县西耿乡联合农业生产合作社请他去画画。这个合作社大家称为联合村，由 10 个自然村的 35 户农民在这年冬天酝酿成立。他们不仅联合生产，还重视文化，成立了文化俱乐部，有图书室和常年民校等，半个月开展一次文娱体育活动。

小乃寿感到很自豪，铺纸挥毫，创作山水画。小乃寿来的时候，云层低落，画画的时候，窗外大雪纷飞。

人们都围着看他画画，不断赞叹。人越多，童乃寿画得越精神，他脱下棉袄作画，完全不知道寒冷。

这时，有人匆匆跑进来喊：“乃寿，快回家，你娘快不行了。”

犹如晴天霹雳，小乃寿放下画笔便跑。

鹅毛大雪纷纷洒洒，北风在耳畔呼啸。“妈妈，妈妈！”小乃寿呼喊着，在雪地里奔跑。茫茫天地，充斥着他的焦急、他的呼喊……

村庄沉浸在悲痛之中，推开门，他长长一声高呼：“妈妈！”可是，妈妈再也听不到懂事儿子的叫喊声，她走了，静静地去了另一个世界。

12 岁的孩子是多么想娘啊。小乃寿再也无心画其他东西，他只画妈妈，画妈妈做饭，画妈妈坐在椅子上晒太阳。

他也写诗，写给妈妈的诗。一次，他从学校回家，在村口，听到说话声，以为那是妈妈的声音，妈妈回来了！他跑过去一看，不是的，是另一位大婶。他太想妈妈，听成了妈妈的声音。

他惆怅地回家，含着泪写下——

母亲　妈妈
有您的日子　我的世界一片春光
您的每一个微笑　每一声叮咛
时刻在我心中流淌
您的每一眸眼神
让我笔墨生情　灵动飞扬
您去了哪　怎舍得离我这么久这么长
寻找您的日子　我泪眼弥漫
只希望生命中多些夜晚
在梦里　感受您抚摸我的脸庞

荐　师

我是一只鸟

渴求蓝天的宽广

两年后,童乃寿考取了龙华寺中学。其实,学校的正式名字是巢县黄山初中。童乃寿之所以选择它,一是因为这是舒荫黎老师推荐的学校,二是龙华寺中学风景优美,文化底蕴深厚。

今天,沿着 312 国道,从合肥往南京方向,过苏湾镇,在一个名叫山根鲁的小村庄向南,沿着一条砂石公路,朝有巢北“小黄山”之称的龙华山走去,那里山林苍翠、茂林修竹、泉水叮咚、怪石嶙峋,约行一公里,峰回路转,就是龙华寺中学。

一幢幢校舍深深地融在绿色的树林中,“清晨入古寺,初日照高林。曲径通幽处,禅房花木深”。用这首《题破山寺后禅院》来形容龙华寺中学是最为准确的。置身其中,只见树木参天,浓荫蔽日;石径幽深,苔痕满地。登山远眺,波光粼粼、渔舟唱晚,很有“落霞与孤鹜齐飞,秋水共长天一色”的无限诗意。

龙华寺始建于宋代,历元明清数代,香火旺盛。1899 年,乡贤刁叔屏等人在维新思想的影响下,无意科举,力倡新学,在龙华寺毁佛逐僧,拆庙建堂,创立龙华小学堂。学堂除讲授经史外,还开设英语、数学、博物、化学等课程，后增设农科，是一所远近闻名的“洋学堂”。

1949 年，龙华小学堂更名为“巢县龙华寺小学”，1952 年成立私立黄山中学，1953 年成为巢县初级中学。

此后的 1958 年，学校成为巢县黄山初级中学，1971 年开设高中部，1998 年迁址居巢区苏湾镇，与原苏湾初中合并成巢县黄山中学。1999 年，学校走过百年历程之时，中共元老之一的薄一波题写了校名。一百多年来，在“厚德、启智、至善” 的校风指引下，走出了大批人才。除了童乃寿外，还有中共早期卓越领导人之一的陈原道、安徽省督学鲁嘉甫、国防大学组织部长周立存、上海武警学院博导汤德品等人。

1956 年，15 岁时的童乃寿（居中）。

在龙华寺中学两年里，童乃寿只要有时间就向舒荫黎请教，绘画的基本功很扎实了。舒荫黎便给他讲美术史，讲当代著名大画家。徐悲鸿与泰戈尔，刘海粟与上海美专，李可染与徐州美专、萧龙士 62 岁拜齐白石为师，还有黄宾虹、张大千、林风眠、潘天寿、李苦禅的艺术成就，他都讲给童乃寿听。

这一天，春暖花开。两人在一棵古树下写生，然后坐在石头上聊天。

“你还想进一步学习绘画，得去找更好的老师，我没法再教你了。”舒荫黎告诉童乃寿。

老师说的那些大家，童乃寿听起来像是天上的星星，遥不可及。该拜谁为师呢？

“去合肥，找童雪鸿。他也是巢县人。”

“童雪鸿与您相比呢？”童乃寿问老师。

“虽然我们都是上海美专的，但童雪鸿比我强多了。我仅仅是一个画师，童雪鸿则是真正的大画家，并且诗、书、画、印，每一门都了不得。”

在舒荫黎的娓娓描述中，童乃寿逐渐了解了童雪鸿。童雪鸿原名鸿彦，1925 年以优异的成绩考入上海美专，成为当年班上年龄最小的学生，师从黄宾虹、刘海粟、潘天寿、郑曼青等大家。后来因北伐战争的影响，学校停办一年，等到复学后，原来的美专合并为新华艺术大学。1929 年，童雪鸿从上海新华艺术大学毕业，回到巢县初中，也就是后来的巢湖一中任教。

童雪鸿生活照

1938 年，日寇入侵，巢县沦陷。童雪鸿无奈之下，流亡至长沙教书，后辗转进入四川，一面教书，一面创作木刻作品，积极投身抗日救亡运动。

“一个人，要取得一番成就，自身努力与天赋是一方面，有没有机缘遇到伯乐或者贤人也是一个方面。童雪鸿就遇到了。”舒荫黎说道。

在四川江津期间，童雪鸿遇到了一位大家——王东培。

王东培也是来江津避难的。他出生在书香门第，精通诗词、书画、篆刻，修养极其全面，以书法为最，尤以行楷著称。他的行楷骨秀神怡，飘逸洒脱，笔笔有来历，书卷气浓厚。童雪鸿与王东培结成师生之谊，经常一起切磋画艺与学问。

“童雪鸿老师的篆刻、书法、绘画，哪一个最好？”童乃寿迫不及待地问。

“俱佳！在我看来，他的篆刻地位更高。”舒荫黎说，童雪鸿喜爱篆刻是从娘胎里带出来的，从会拿东西开始，他就喜欢刻啊、画啊。巧的是，他开蒙时的塾师也是好刻手。一次，童雪鸿只顾在萝卜上刻钟鼎文，没有听课，被先生打了五大板。可是，放学后，先生郑重地交给他一包刻刀、几方印础和两册自编的《篆刻刀法》《钟鼎文拓片集锦》。从此，童雪鸿更是如痴如醉地迷上了篆刻，上溯古代玺印，博涉明清以至近代诸家，对邓石如、黄士陵的研究最为深切。他的篆刻作品古朴苍秀、风规自远，抗战时期就有《雪鸿印存》五集行世，黄宾虹、王福庵、马公愚和张大千等人为之题签，震动印坛。

童雪鸿的书法由北碑上溯古籀、印法入书，师古而不泥古，独辟蹊径。他的绘画格调高雅、构图意境清新。

“他最喜欢画什么？”童乃寿听得入迷，急切地想见到这位同乡画家。

“花卉瓜果、翎毛虫鱼、梅兰竹菊都画。尤其是菊花，人送外号‘童菊花’。1956 年，他的菊花作品参加全国国画展，并在波兰、苏联展出。著名画家于非闇专门写文章说,童雪鸿的菊花是展览中的优秀作品,开创了用旧色纸画白菊的创举。因为他菊花画得好,别人都喊他'童菊花'。"

介绍完了,舒荫黎问:"你知道于非闇吗?"

童乃寿摇摇头。

"哦,那白说了。于非闇工笔画好极了,有李公麟的笔法,还有陈洪绶的高古之风。他的家传了得啊,父亲在内务府当差,母亲是清朝宗室。于非闇 1952 年为世界和平理事会画了《和平鸽》,许多报刊上都登了。"

"老师,你怎么知道这么多呢?"

"看书看报,同行间学习。做一个画家,只是埋头画还不行,得有学问,了解前辈,熟悉各家风格,从名家、大家作品中汲取滋养。所以,你现在需要的是开阔视野。"

"我想去拜童雪鸿为师,不知道他可愿意收我?"童乃寿眼里满是期待。

"我之所以推荐你去向他学习,是有依据的。一是你画功已经很好,显示了你的天赋,加之为人忠厚勤奋,这是很符合童雪鸿胃口的;二是童雪鸿是一个乡情浓厚的人,同乡拜师,他不会拒绝。他结交的都是当今画坛的名流巨擘,他会把你引进去,与大家在一起,你才能登高望远。我再为你修书一封,祝你早日成童门弟子!"

"谢谢老师!"童乃寿一听,激动得倒身便拜。

"现在不时兴这个!"舒荫黎啧啧地说,赶紧扶起这位虔诚的学生。

第二章　求学岁月

拜师童雪鸿

心灵有了太阳
就有鸟儿歌唱

1958年，是戊戌年，也就是狗年。

这一年，童乃寿依旧只管自己埋头画画。暑假开始，中学也毕业了。

学校还组织学生进行军事野营训练，练习步枪。能亲自开枪打靶，这对于十几岁的中学生而言，是非常神往的。

但急于拜师的童乃寿没有参加这个活动，虽然，他也很想打两枪过把瘾。可是，听过舒老师对童雪鸿的介绍，童乃寿内心是那么急切地想见到童雪鸿。

他在暑假开始的第二天，独自一人背上行李来到合肥。

定为省会不久的合肥，百废待兴。石子路上，骑着自行车的人们一路丁零零地行驶，间或几辆车子驶过，溅起细微的灰尘。

童雪鸿这时在合肥二中教美术。童乃寿经过打听，来到童雪鸿的“百捋斋”，童雪鸿正在家，一面摇着芭蕉扇，一面画画。

童雪鸿的妻子方春晖看童乃寿可爱懂事，带着他来到童雪鸿面前，他恭敬地递上舒老师的信函。

童雪鸿看了看，问道：“你是柘皋镇王庄村的？”

“是的！”童乃寿赶紧回答。

“离我家不算远。画画要肯吃苦，你知道吗？”

童乃寿使劲地点头：“我画了好几年，不觉得苦。”

“光知道吃苦还不行，你画张画我看看。”

童雪鸿《菊蟹图》

“我带我的作品来了。”

“带的我不看。你现在画，我看你构图、运笔。”

童雪鸿收起自己没有完成的菊花图，重新铺开一张宣纸，让童乃寿画画。

看着洁白的宣纸，童乃寿有些心痛，担心糟蹋了，说道："童老师，我还是换一张纸吧，我包里有白纸。"

"这孩子，一看就知道是个节约的孩子。"方春晖说。

"画，不要紧，当个画家，面对洁白的宣纸，要敢画，但要画好每一笔。"童雪鸿鼓励道。

童乃寿受了鼓舞，挥毫画了起来。他勾勒、润染，很快画好了一幅山水图。

画面上，远山近水，安排妥当，整幅作品线条流畅，有气韵。童雪鸿感叹道："画得好，这孩子是画画的料。"说罢，提笔写上："银屏山烟岚，童乃寿画友现场作此图，布局严谨，墨色淋漓，实乃少年佳作。童雪鸿。"

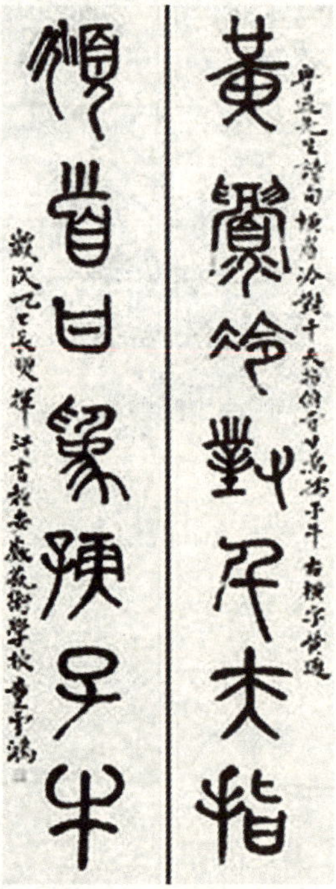

题完后，童雪鸿把画子卷起来，交给童乃寿，说道："你这个弟子，我收了！"

就这样，童乃寿拜了心中无限敬仰的童雪鸿为师。他在大西门井悟巷租了一间小房子，潜心画画，每隔两三天去老师家一次。有时候，童雪鸿现场作画，他在一旁观看。画好后，童雪鸿将画交给童乃寿带回去临摹。

童雪鸿篆书对联

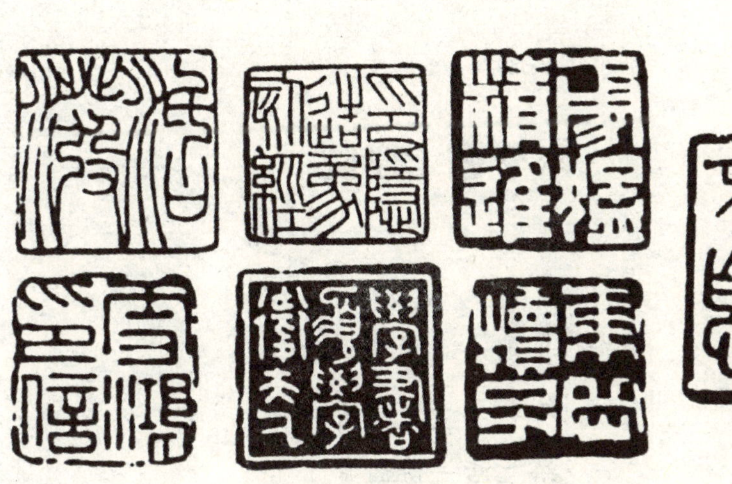

童雪鸿篆刻作品

童乃寿自己照顾自己，除了洗衣做饭，就是画画。在别人看来，这是无比孤苦的岁月，但童乃寿整日沉浸在艺术琼浆的甘甜之中，日子有追有求，有滋有味。

求学艺术学院

我是一只蜜蜂

给春天一个舞姿

给生活一份甜蜜

一天傍晚，日落西山，霞光绚丽。童雪鸿来到童乃寿的租房处，对他说："乃寿，你文化课成绩怎么样？"

童乃寿不明白老师为什么这么问，说道："我成绩一直很好的。"

"那就好！"童雪鸿喜出望外，"你准备一下，报考合肥市西市区职业中学。那里开了一个美术班，你可以接受系统训练，有机会再上更好的学校，争取有一份工作。如果没有工作，纯粹靠画画谋生，那是很艰难的。一个画家，衣食不能讲究，但得保证衣食无忧，甚至得有经济能力外出结交同道，游历山水，这样才会有成就。"

童乃寿感激地答应着。

这一年，他果然考取了合肥西市区职业中学的美术班，经常与同学一起到长江路画房子、画安徽第一条柏油马路。

美术班中除了有美术专业的教师，还从外面聘请兼职教师。有从安徽艺术学校请来教水粉的王碧梧、有从安徽省话剧团请来教国画和油画的翁元章、有新安画派传人张君逸。有时，学校还请来孔小

瑜、徐子鹤指导学生。

1955年,安徽省委第一书记曾希圣提出要以优惠政策引进人才、支援安徽文化建设。这年冬天,海上名家陆俨少邀孔小瑜、宋文治、徐子鹤到安徽临时参加工作,待了一个月。

一月期满,安徽要把这四人留下,希望陆俨少和孔小瑜去筹建安徽省艺术学校,宋文治去群众艺术馆,徐子鹤去安徽省博物馆,并给每人200元安家费,月工资200元左右。在当时,这是很高的待遇。陆俨少、宋文治因其他原因离开了安徽,孔小瑜于1956年2月分到安徽艺术学校,徐子鹤分到安徽省博物馆从事古画鉴定。

此外,还有一批书画名家来到安徽从事教育。陆敏荪、王碧梧、申茂之、方雪鸪、陆寰生等就是这个时候来到安徽的。其中,申茂之最早在他家乡芜湖的皖南大学艺术系任教,陆寰生在合肥二中任教。王碧梧、陆敏荪、方雪鸪等人与孔小瑜一道参与筹建安徽艺术学校。

1959年,皖南大学艺术系并入安徽艺术学校,成立安徽艺术学院。童雪鸿被调任为国画系副主任。

接到正式任命后,童雪鸿赶紧来到学生童乃寿简陋的居所,还没跨进门,便说道:“乃寿,有一个新的机遇,我现在被任命为艺术学院国画系副主任,要招收38名学生,你赶紧准备考试。”

经过层层考试,童乃寿考进了国画班。

国画班开设了花鸟、书法、素描、治印等课程。孔小瑜、童雪鸿教花鸟,张君逸教山水,王碧梧执教素描、水粉课程。

此外,童乃寿还在这里认识了申茂之、王石岑等老师。

申茂之是著名工笔画家,他是著名皇室书画家溥心畬的入室弟子,1928 年毕业于北京艺术专科学校。当时北京艺术专科学校的校长是徐悲鸿,申茂之保存的徐校长信札都在 20 世纪 50 年代捐给了徐悲鸿纪念馆。王石岑是艺术大师黄君璧的弟子,他的山水作品苍劲厚重、气韵浑弘。

虽然没有直接的师生关系,但他们的艺术风采和成就同样影响着青年童乃寿,后来这两位老师去了合肥师范学院和位于芜湖的安徽师范大学。

在当代美术界,这是一个强大的教师阵容！他们对童乃寿的影响不言而喻。仅仅是他们不凡的人生历程和艺术建树,足以把爱画画的童乃寿引向艺术的神圣殿堂。

花鸟老师孔小瑜是孔子的第 72 代孙。他的父亲孔子瑜爱画成癖,开创了花卉博古画。孔小瑜受家庭影响,从小就表现出了绘画才华,17 岁就开始代父亲应酬画债。后来与海上名家吴昌硕、吴湖帆、陆俨少、王震、钱瘦铁、唐云等人过往甚密,切磋间画艺精进,人物、山水、花鸟无一不精,尤以博古图闻名于世。

山水老师张君逸毕业于清华大学和燕京大学,曾经担任国民政府政务院国务秘书,抗日期间,曾随宋美玲出访美国。他的父亲张翰飞是新安画派代表画家之一,与黄宾虹、汪采白并称“新安三雄”。张君逸从小受父亲影响而画画,后来得到黄宾虹、汪采白等名家指导,与张大千、汪慎生等为友,常常去故宫博物院临摹宋元明清名家真迹。他的山水画构图新颖,秀逸清幽。抗战期间,为逃避日本人的追捕,他从北平逃到老家歙县,做过国民党第三集团军副司令唐式遵的秘书。

教素描、水粉课程的王碧梧1936年毕业于苏州美专。1947年在台湾任教，1949年回大陆，任教于上海育英中学。她曾创办美术研究所上海画室，拥有朱屺瞻等一批实力强大的美术研究员。她丈夫陆敏荪同样以水粉画为主，曾任苏州美专教授。

此外，方雪鸪早在1923年就在上海创办"白鹅画会"，影响美术界。

在艺术学院里，两排灰色的平房在学生眼里是神圣的，不仅因为这是那个年代最好的住房，每家都有一个院落。还因为一位位名师的入住，为这里增添了许多艺术氛围。王碧梧、陆敏荪、方雪鸪住在前排，后排住着孔小瑜和童雪鸿，孔小瑜住东头，童雪鸿在西头。

童乃寿常来后排平房，与童雪鸿聊聊这、聊聊那，随孔小瑜画海派牡丹、画梅花。

孔小瑜和童雪鸿都是画花鸟的。童乃寿发现自己越来越喜欢画山水，他便向王石岑、徐子鹤、张君逸学习。

童乃寿很喜欢徐子鹤的黄山画。徐子鹤先从著名画家曹标学人物、山水，1934年师从中国画会创始人之一的钱瘦铁，1936年留学日本东京，1946年执教于苏州美专。当初，徐子鹤从日本回国时，生活极其艰苦，靠篆刻和临摹名家作品谋生。他分到安徽省博物馆后，临遍新安画派大家的作品，对黄山情有独钟，写尽了黄山风神，笔墨淳雅流畅，清丽洒脱，尤其是云层的渲染，妙在有深厚传统的同时，演绎新意。

山水画，把云画好了，就画出了神韵。童乃寿反复实践用长毫笔渲染鱼鳞云。有时，趁放假的日子去观摩徐子鹤作画。

张君逸这时住在合肥纺织厂宿舍,方便给职工授画,童乃寿常常在夜间来他家学画。张君逸还收了一个学生钱雨亭,两人情同父子。有时候,在合肥晚报社做美术编辑的陶天月也来学习。几个年轻人常常一起画山水,日子过得单纯,但充满理想,他们进步很快。

童乃寿像一只蜜蜂,广博而贪婪地汲取着各位老师的艺术滋养。他辛勤地耕耘,他能感受自己翅膀扇动的声响。

初会懒悟

明教寺的钟声
穿越千百年
这一声最清越
人间懒和尚
天外瘦书生

青年时代的童乃寿

1959年元旦一过，童乃寿18岁，已经是一个灵活、帅气的小伙子了，最大的困难是填饱肚子。缺米少粮是当时社会普遍的问题。

天气逐渐暖和。五月初，一连几天，燥热异常。池塘里、沟渠畔，蛙声聒噪。人们开始穿上夏装，各干各的活。

活动量大了，体能消耗也逐渐大起来。童乃寿经常画画到深夜，肚子常常饿得咕咕直叫，唯一解决的办法就是用开水拌点咸菜吃。

这一天上午，他随童雪鸿老师学书法。童老师指导他临《张黑女墓志》，一面观看他笔法一面讲解道："《张黑女墓志》全称为《魏故南阳太守张玄墓志》，成于北魏普泰元年（531），现存的为清何子贞旧藏拓本，遒厚精古，未有可比肩者。学习书法，当取碑帖相熔之路，攲侧取势，字字生奇，若惊鸿灵动，但要追求典雅含蓄之美……”

童乃寿认真领会着老师的话，说道：“学习书法对绘画有促进作用，我体会很深。”

“你有这种体会就好。书法对绘画的促进，一方面是显性的，画作好了，落款亦要入目入心；一方面是隐性的，书法的笔墨精神融入绘画中去，笔画线条就有力度，作品就有文化内涵。”

习字一上午，师徒二人都感到饥肠辘辘。童乃寿正要去给老师弄点吃的，童雪鸿说道：“走，我带你去明教寺见见懒悟和尚，也讨点斋饭填填肚子。”

童乃寿很高兴，他早想见见懒悟，他在老师家见过懒悟的山水画，有一种静穆禅意。

明教寺坐落于教弩台故址。三国时，合肥为曹操管辖之地，曹操曾多次来此部署对吴国孙权的战事，为此筑起高 5 米，面积近 4000 平方米的教弩台。南朝梁武帝年间在此建寺，因为曾经挖出铁佛，故名铁佛寺。唐代重修，定名“明教寺”。此后数百年岁月里，经过历代修葺，规模很大，后毁于兵乱。清同治九年（1870）重建，因为寺庙周边松柏挺拔，浓荫蔽日，“教弩松荫”成为当时庐阳八景之一。

明教寺旁的街上到处是修路架桥的，架子车、三轮车、驴子车，来来往往，贫穷中又有一份兴旺情形。

走进寺庙，童乃寿感叹，真是修身养性、陶冶情操的好地方。懒悟正在禅房画小幅山水。禅房里满是灰尘，一只饭碗和一双筷子置

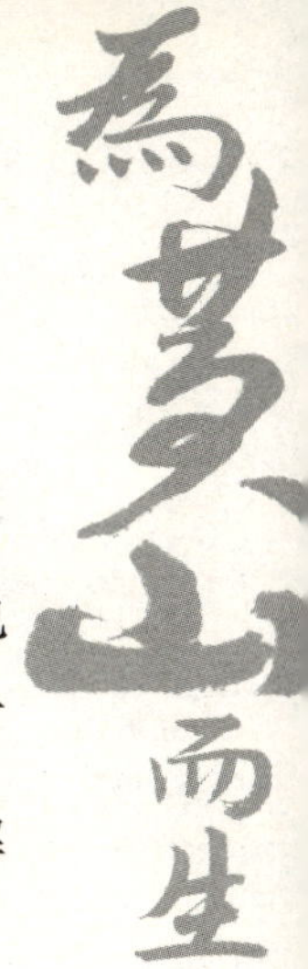

在桌子一角，碗沿上的粥已经干硬，小碟子里还剩下几根萝卜干。

“我说，懒师父啊，还是老样子，房子不扫，碗也不洗？”

抬头看是老友童雪鸿，懒悟格外高兴，张开被墨色染黑的嘴唇说道：“我告诉你的原因也是老样，这灰尘打扫了还会有的，碗吃过了下顿还会用，洗它干甚？人啊，与其为生活琐事所累，不妨从琐事中解脱出来，画画，看书。看看，我这幅山水怎样，请赐教。”

“乃寿，你说说看。”童雪鸿一面对学生说，一面向懒悟介绍，“我的一个学生，叫童乃寿，很小就喜爱画画，只身来合肥求艺。”

懒悟点点头，微笑着等待童乃寿的评价。

童乃寿仔细看了看，赞叹道：“恕我斗胆说几句，技法上看，有渐江的清简、石涛的雄伟、石溪的苍浑，但又自成蹊径。画的像是九华山一带山水，可绝不是世俗中的自然风貌，古木、房舍，闲雅之境，有一种禅意！”

“小伙子不简单，不愧是童先生高足啊。”懒悟说道，“必成大器！”

“懒师父过奖了。”

“喜欢吗？”

“喜欢！”

“喜欢就送给你。”懒悟说着，将笔尖在几经染黑的嘴里舔了舔，给画题上款，盖上“二石之后”印章，送给童乃寿。

“画僧今日好兴致，这样一幅得意之作能送给你，乃寿，你们有缘。知道吗？懒师傅可不轻易送画给人啊。”

童乃寿说道：“我知道，听童先生说过一个故事，当初您在安庆迎江寺的时候，安徽省主席刘镇华是您同乡，他一直钦慕您，多次索画不得，便以同乡身份派人以汽车接您到他的官邸吃饭。您知道他醉翁之意，内心又不愿画给他，便在桌上不请自饮，喝得酩酊大醉。刘主席无奈，只好派人用汽车送您回迎江寺。”

“听到了吧，连我学生都知道你的这段趣事，有风骨！就凭这一段，你可以名垂青史。世人多巴结权贵，几人守得住一份底线？”

“他们那种人，利欲熏心，不是爱画而是爱利、爱虚荣。说我不轻易送画也不对，我要看对方是不是真心爱画。乃寿与我今日一面之缘，我就知他有禀赋，勤奋，厚道。”懒悟说道。

童乃寿受宠若惊，正要仔细卷好收起来。童雪鸿说道：“别慌，让我再欣赏欣赏。”他细细品味一番，说道，“笔墨清润、古奥幽深，你张莽僧行走的是空禅入静的笔墨道路，前无古人，怕也是后无来者啊！古有弘仁、髡残、八大山人、石涛这‘四僧’，我看若重新著画史的话，将会是‘五僧’，画僧懒悟之名应该添加进去。”

“不敢不敢，画画乃是发自肺腑之爱，不敢浪博虚名。你们还没吃饭吧？”

“唔，吃过了。”童雪鸿说道。

“就别说谎了，不嫌弃，就在这吃斋饭吧。”

斋饭端了上来，一股清香直入心脾，早已饥饿的童乃寿端起饭碗，准备三两下扒进肚子。童雪鸿用脚踢了踢，他只得斯文地吃起来。

“怎吃得这么文雅？你们肚子不饿？”

“饿！”童乃寿如实回答。

“饿就赶快吃。”懒悟嚼着萝卜干，笑道，“我毕竟是这明教寺住

持，一两顿斋饭还是管得起的。”

童雪鸿于是三两下把饭扒进肚子，说道：“改天去我们学校，我请你！”

懒悟笑了：“别说你请我吧，我也不指望。乃寿，你老师常常说我吧，我也说说你老师的一段往事。”

“你看，又在揭我老底，都不下几十遍了。”童雪鸿说，“乃寿，你就听故事吧。”

懒悟说的是他与童雪鸿在安庆的一段故事。

那时，童雪鸿在安庆二中担任美术教师，闲暇之余，常携夫人方春晖到迎江寺找懒悟画画、治印，懒悟经常留他们夫妻二人吃斋饭。每次餐毕，童雪鸿总要客套几句：“下次懒师父到寒舍，一定要尝尝我夫人的手艺。”

方春晖是安庆著名大户人家方晴庵的后人，里里外外都是一把好手，童雪鸿很惧内。

有一天，懒悟到安庆二中南边的“宝善庵”小巷办事。心想，童先生多次邀请，今日何不顺便到府上尝尝童夫人的手艺。

“哎呀，懒师父，真是稀客呀！”童雪鸿赶紧把懒悟迎到了屋里。“今天一定要叫夫人给懒师父做几个拿手的菜。”说着就进了里屋。过了好一会儿，他才出来，给懒悟沏了一杯茶说：“夫人出门未归，懒师父先来一张扇面如何？”

懒悟拿起纸和笔埋头就画了起来。已近晌午，还不见童夫人身影，懒悟便催问。

“快了，快了，要么懒师父再来一幅斗方如何？”说着童雪鸿又上了一杯茶。懒悟无奈，又拿起了画笔，肚子里很饿，画得也不专心。他隐约听到里屋有说话声音，再看看冰冷的灶台，把笔一搁，冲着里屋喊："童先生，我出去上个厕所。"说罢，便溜回迎江寺。

"唉，那时候多年内战，刚刚解放，真是囊中羞涩啊。"听完懒悟再次说完旧事，童雪鸿感叹，"其实，那事我和夫人愧疚了好几天，可真是无米下锅，上不了锅台啊。"

"理解，理解！"

懒悟抽起一支烟，烟雾朦胧了他的脸。他向童雪鸿问道："有兴致吗？有人送我几张好宣纸，画一张？"

"好嘞！"童雪鸿来了精神，卷了卷衣袖，画了一幅螃蟹菊花图。

"你这个'童菊花'是名不虚传啊！"

回来的路上，童雪鸿告诉童乃寿，这个懒师父，老家在河南，俗姓张，他吃肉喝酒，不拘小节；赋诗作画，不修边幅。他早年东渡日本学佛，归国后深造于闽南佛学院。无论是佛学还是绘画，都是功底扎实，可谓儒佛互参，书画相通。他曾在灵隐寺、迎江寺呆过，与林风眠、唐云等过从甚密，山水画上，深得渐江精髓，并且在意境上有突破。

"懒师父画画为什么爱把毛笔在嘴里舔啊？"童乃寿不解。

"这是他的习惯，他常说口水里有胶质，能让墨的层次更加丰富。元代画家倪元林就是这样，称'无一笔不从口出'。懒悟蔑视权贵，从不把画给官员，但车夫走卒都送。在安庆的时候，一些车夫常拉他去洗澡，为他垫浴资，然后找他要画。于是，许多达官贵人从车夫那买他的画。到合肥了，也还是这样，北门大街有个裱画店，店里吴四老板与他关系很好。画裱好后，懒悟自己很少去要，都是他通知送给谁谁，小孩子最好索求他的画。”

“他真是淡泊名利，而且有文人风骨。”童乃寿感叹。

童雪鸿要童乃寿常来明教寺看懒悟，学习他山水画中的人文气息和禅意精神，那是文化人的精神家园。

此后的日子里，童乃寿常常来到明教寺，行走在懒悟双脚腾尘的禅房，一起谈画论道。

遥望黄山

你是我的恋人
你是我的新娘
心中的颤音
是思念的絮语

这一天，童雪鸿邀童乃寿去他家吃饭。

来到老师家，才知道是童雪鸿的一位书法弟子方绍武考取了中央工艺美术学院陶瓷美术系。方绍武来向老师辞别，童雪鸿特意把得意的弟子童乃寿、张一楫也喊来。张一楫随童雪鸿学篆刻，颇得老师作品意趣。

方春晖给供奉的佛像上了一炷香后，端上菜，以素菜为主，也特意为三位弟子准备了几道荤菜。

被中央工艺美术学院录取的方绍武自然很高兴。他 1935 年出生在祁门县一个书香家庭，祖父方成之是前清秀才，父亲方笑岑是名震乡里的书画名家。从小受到良好书画启蒙教育的方绍武写得一手漂亮的楷书。

方绍武对即将就读的中央工艺美院充满种种好奇，询问老师那里可有认识的人。童雪鸿说："有啊，合肥人陶如让，父亲陶南华是邓

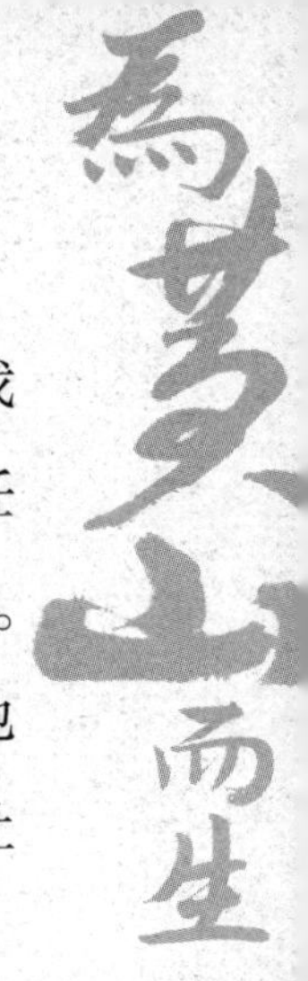

石如的再传弟子。还有美院的副院长陈叔亮算起来是我师弟呢，我1926年进上海美专，他是1929年考取的，后在鲁艺学习，并且留校任教。1941年4月间，陈叔亮画了《西行漫画》，送请毛泽东同志审阅。不到半个月，便收到毛泽东同志送来的题签和题词两幅手迹，赞扬他敢于走向为工农服务的新路。1948年，他当上了山东《海滨画报》社长，1951年，被任命为华东文化部艺术处副处长。”

方绍武听得很入神，说道：“老师，你一定要为我修书一封，介绍我。”

童雪鸿继续介绍：“1953年，开始筹建中央工艺美术学院，陈叔亮被调到北京，担任中央文化部艺术局美术处处长、中央文化部艺术教育司副司长，去年兼任中央工艺美术学院副院长，他的中国画、版画都不错，你在那，要珍惜机会，好好学习啊。”

方绍武点点头。

童乃寿则感叹：“这个陈叔亮不仅有学问，还是挺有政治头脑的。”

“是的，他是一个艺术造诣和政治敏感性都有的艺术家，不像我，只知道埋头搞学问。你们啊，各方面都得学习。”

方绍武随后进入中央工艺美术学院，师从庞熏琴、萧淑芳、陈叔亮、陶如让、田世光等教授。1963年毕业后来到安徽，曾任安徽省轻工业厅工程师、黄山书社编审，担任过安徽省书法家协会副主席、名誉主席等职务，与童乃寿一直保持着同门之谊。

初秋将至，九华山请童雪鸿去雕刻佛像。

童雪鸿雕刻佛像是出名的。1935年，他25岁，西隐寺内需要敬造一尊观音像。当时,曾遍求各地人士,一时竟无人能完成,后来找到童雪鸿,他精心起稿,亲自上石,历时一月,刻成一尊高达丈余的观音佛像,佛像婀娜多姿,栩栩如生。而且,他雕刻时非常虔诚,都是跪着去雕刻的。

在九华山,童雪鸿还是跪着雕刻,无比虔诚。

童乃寿对雕刻不感兴趣,老师需要帮助的时候,给他做做助手,没事的时候,就去山间写生。这是他第一次登上家乡山峦之外的名山。

九华山间,垂涧渊潭,流泉飞瀑,气象万千,宛如一幅清新自然的山水画卷。尤其是莲湖峰,峰顶削尖,万瓣叠嵌,气势峭拔,有如含苞待放的莲花。而莲花峰的云海,变幻莫测,仙境一般。

童乃寿身体结实、矫健,他猿猴一般在山峦间寻找最美景致,忘我地写生。有时,他立在峰顶,遥望黄山,勾勒遥远的倩影。

一天傍晚,大家等好久也不见他回来,童雪鸿担心他出了什么事,急得满头大汗。

山上的和尚也急了,分头寻找。找到他时,看见他正躺在一块巨石上,构思一幅画的结构。

和尚们免不了责备他。他却询问:“九华山都这般美丽,人人传颂的黄山该有多美呢?”

“不知道,你自己去看看!不同人眼中不同美,我们眼里,九华山最美!”一个和尚没好气地回答。

“我一定要去看看!”童乃寿回答。

他渴望早日登临黄山。然而,他内心又对黄山涌起一种敬畏之

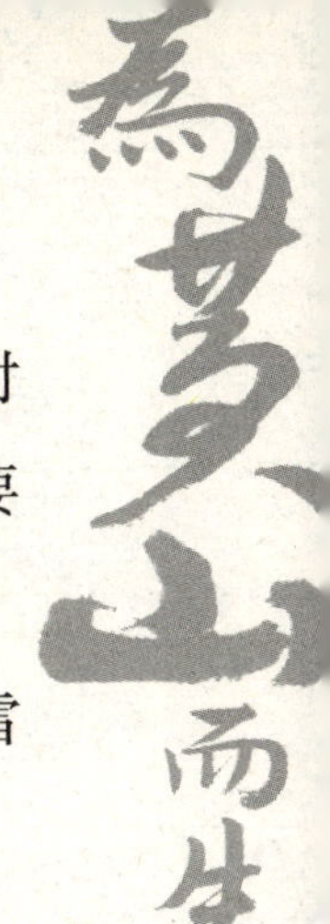

感,不想轻易登临。就像一个小伙子热恋一个心动的女人,渴望时时见到她,与她在一起,见了却远远地躲开。他暗暗告诫自己,一定要练好功夫,让自己的笔不辜负黄山美景!

山中凉得早,一阵秋雨过后,天气带着寒意。佛像雕好了,童雪鸿说,该下山了。

就在童乃寿和老师在九华山过着不知人间岁月的清净日子里,社会上发生了许多大事。七八月间,中央"庐山会议"召开;9 月,中央军委成立新的领导班子,彭德怀被免除国防部部长的职务,林彪主持中央军委工作;9 月底,发现大庆油田,打破了地质学界长期存在的"中国贫油论";10 月 1 日,国家举办国庆十周年大阅兵。

大阅兵的时候,画家萧龙士被请到北京,在观礼台观礼。1889 年出生在安徽萧县的萧龙士是饮誉全国的大画家,曾师从齐白石,与李可染、李苦禅、许麟庐等当代美术史上的大家情同手足,追求苍润厚重的笔墨精神。两年前,童雪鸿就带童乃寿认识了这位大画家。

从九华山写生回来后,童乃寿听说了萧龙士国庆观礼的事,像是自己受到了邀请观礼一样,高兴之情油然而生。他跑到安徽省文史馆宿舍萧老的家,询问详细情况。

"那个情形是相当的壮观啊。"已经 71 岁的萧龙士描绘起来绘声绘色,"十年大庆这一天,万里无云,秋高气爽。在北京市市长彭真宣布庆典开始后,激昂的乐曲中,人民解放军海陆空三军接受检阅的官兵身着新式军服,佩戴军衔,军事学院方队、水兵方队、步兵方队、空降兵方队依次从天安门广场走过,喷气式轰炸机和歼击机从天安门

童乃寿治印

广场上空飞过,让人振奋。”

“看到毛主席了吗?”

“看到了,毛主席在观礼台最前排,还脱下帽子挥手呢。还有外国领导人,苏联领导人赫鲁晓夫也来了。”

“萧老师,您太了不起了。”

“是国家了不起!我一个画画的,还被请到观礼台观礼,国家重视艺术家啊!所以,我画了一幅大画表示祝贺。”

萧龙士继续说:“今天兴致很好,我来为你画幅画。”

童乃寿赶紧为萧老展纸,老人家一面作画一面说:“画画啊,一定要重视笔力,这是需要下功夫的。笔力老辣才能免俗,花鸟也好,山水也好,不能媚俗。一旦媚俗,只能光鲜一阵,长久不了。”

童乃寿赶紧回答:“我一定把老师的话记在心上。”

上 海 行

打开一扇窗
看到了另外的世界
绚丽的风采
把它采撷在心头

1960年,人民公社遍地开花。

这一年,给童乃寿这一代人印象最深的是普遍性饥饿。这是三年自然灾害中最严重一年。

对于19岁的童乃寿而言,正是长身体饭量大的时候,然而,有一碗白花花的米饭,那是一种奢望。公社、单位都是统一食堂吃大锅饭,更多的时候是青菜煮稀饭。

因食物缺乏、营养不良,浮肿病在全国各地发生。

不要说学生,老师们也是缺衣少食。孔小瑜、童雪鸿等人都得了浮肿病,腿又肿又粗。一节课站下来,气喘吁吁。

童乃寿和同学们一边学习画画,一面加入挖野菜谋生的行列。挖到最后,榆树叶都被摘光了。

柴火也紧缺,秋天一到,小灌木、草皮都被挖光、铲光做柴火。走在野外,到处是光秃秃一片,举目荒凉。

日子就这么挨过去了一年。365 天的沉重记忆深深镌刻在童乃寿的骨子里，乃至后来，童乃寿的一生非常节俭，看到别人浪费总是揪心。

1961 年无声无息地到来。

这年春天的阳光似乎明媚许多。

困扰知识分子的学习运动与政治学习少了。《文汇报》等报刊又开始提“双百”方针，一些活泼又有生气的杂文也开始出现在各类报刊上。

上海市中国书法篆刻研究会即将成立。童雪鸿收到了邀请函，请他出席大会。他带着童乃寿坐火车到裕溪口，再乘船前往上海。

江面上大小船只缓慢行驶。童乃寿内心急切，那些海上名家的名字如雷贯耳，他希望早日见到他们，一睹他们的风采与才情。

这个书法篆刻研究会是继 1957 年叶恭绰、郭沫若等人倡导成立的北京中国书法研究社后，又一个重要的书法群体组织。1959 年，书法家沈尹默赴京参加全国政协会议时，大声疾呼书法的振兴刻不容缓。第二年便由上海市政府出面，着手成立。

4 月 8 日这一天，上海博物馆大厅里云集了海上书画名家，在一片欢欣中，研究会正式成立。沈尹默被推举为主任委员，郭绍虞、王个簃、潘伯鹰为副主任委员。童雪鸿、马公愚、白蕉、来楚生、丰子恺、叶露渊、朱东润、谢稚柳、陆俨少、陆抑非、陈巨来、顾延龙等 87 人为会员。

接下来的两天里，童乃寿每天都在回味展览会上大书画家的作

品，而童雪鸿则在反复阅读沈尹默的《学书丛话》。

“老师，这本书写得好吗？您看得津津有味呢！”

“那是自然的。沈先生学问大啊！他早年曾留学日本，新中国成立前担任过北京大学文学教授、河北省教育厅厅长、中法文化交流出版委员会主任、监察委员等职务，还与陈独秀、李大钊、鲁迅、胡适等一同办《新青年》，是新文化运动的得力干将。平生阅历皆学问啊！他在重庆任监察院委员期间，因弹劾孔祥熙未遂，不满国民党当局，才退隐上海。陈毅市长到上海拜见的第一个民主人士就是他。我要好好读他的书，明天我们去他府上拜访。”

第二天，童雪鸿带着童乃寿，来到海伦路。沿路几乎都是工厂住宅混合区。童乃寿望着进进出出的市民，心中羡慕地想：“你们的近邻可有一位大学者、大书法家啊！”

在 504 号，童雪鸿停下，说：“到了！”便轻扣门环。

沈尹默走出来迎接，说道：“欢迎，欢迎！”

“不敢当，学生来看望沈主任！”

“你都是安徽艺术学院美术系领导了，还这么谦虚。你的绘画、书法、篆刻功夫深厚，哪一样都不简单啊。”

还在沈宅外，童乃寿就感受到了浓郁的文化气息，走进会客厅，只能用古色古香来形容。沈尹默自己题写的一副对联“金石不随波，艰难自得力”挂在正墙，写得圆润而遒劲。

落座后，沈尹默谈了些研究会的工作想法，准备开设培训班。童雪鸿答应定期来做讲座。

童乃寿眼睛一直停留在墙上的一些书画作品上，静静地听着他们交谈,觉得受益匪浅。

临走时,童雪鸿说道:“您的书法清秀隽朗,风度翩翩,赵孟頫后,难得一睹。我想求教您的用笔之法。”

沈尹默扶了扶眼镜,缓慢说道:“我在《书法论》中说过,祖宗发明毛笔,是为笔头中间便于含墨,笔锋在点画中行动时,墨水会随着它所行动的地方顺着尖头流注下去,均匀渗开,四面俱到。所以我的笔法主张用中锋,‘中锋’乃是书法中的根本大法,是必当遵守的唯一笔法。最终形成什么样的面貌呢,我以为是‘中和’二字。我来写几个字,你指点?”

“您太谦虚!”童雪鸿赶紧立起身,虔诚地像个启蒙的小学生,磨墨展纸,忙个不停。他屏神凝气地观看沈尹默笔尖上流淌出的一个个雅正的字体,感叹道:“沈书之境界、趣味、笔法,一般人只能上追清代,写到明代的都为数不多,您老写到了宋代!”

沈尹默微微一笑,将笔递给童雪鸿,说道:“该你了。”

童雪鸿接过笔挥毫起来,沈尹默高兴地说:“我写了几十年的字,走不出二王的天下,缺少雄强博大的力度。刘海粟要我闭上眼写,努力化出来,可惜我怕写坏了,胆子小,办不到。你的字一开笔就是大气度,了不得。”

告别时,沈尹默鼓励童乃寿道:“安徽艺术学院名师云集,又有童雪鸿对你父亲般器重,你的起点很好了,但一定要勤奋,要谦虚!”

回来的路上,童雪鸿深有感触地说:“沈老说要谦虚,那是发自肺腑的。”他讲了一个故事给童乃寿听,当年沈尹默 25 岁左右,回到杭州,有一次,陈独秀来找他,开口便说:“我昨天在刘三那里,看见了你

一首诗,诗很好,但是字其俗在骨。”

年轻爱面子的沈尹默感觉很刺耳,为此与陈独秀一度关系一般。但也正是陈独秀一激,对他的书法成就很有帮助。因为他的书法受黄自元影响太深,再沾染上一点他父亲的朋友仇涞之的习气,写得拖沓不受看。正是陈独秀的药石之言,让他发誓先从执笔改起,每天清早起来,就肘腕并起地执着笔,在方尺大的毛边纸上临写汉碑。

从上海回到合肥没多久,一天,童乃寿正在老师家。有人敲门,他开门一看,是一个二十六七岁的小伙子,小伙子问道:“请问童雪鸿老师在家吗?”

童雪鸿在他的“拜石斋”里应道:“谁啊? 请他进来。”

小伙子走了进来,双手作揖道:“童老师,我是安庆的,叫魏一(化名),专门来向您道歉。”

“道歉? 道什么歉?”童雪鸿很吃惊。

“1947 年,您是不是在安庆举办过个人书画展览?”

“是的。”

“有一个 13 岁的毛孩,不知天高地厚,观看了展览,对您的作品提出了批评意见,还用毛笔在《意见簿》上写下‘世无英雄,竖子成名’。”

“是的,当时我到处打听这个孩子,要感谢他的。”

“那个孩子就是我啊! 今天,当我真正跋涉在艺术的道路上,我才明白艺术真谛,也才了解您的艺术成就,您是位了不起的艺术家,我为自己的年少轻狂道歉!”小伙子说罢,深深鞠了个躬。

童雪鸿赶紧扶起他，风趣地说："我永远忘不了你的那一'激'啊！我是真的感谢你，大人一般说不出那样的话，你说出来了，我很受益，时刻提醒自己不能满足。"

上海之行和这件事给童乃寿很大启发，他暗暗告诫自己，艺术永远没有止境，永远不能自满，而要百折不挠地攀登前行。

当美术老师

大地深厚　仁慈
鲜花年年盛开

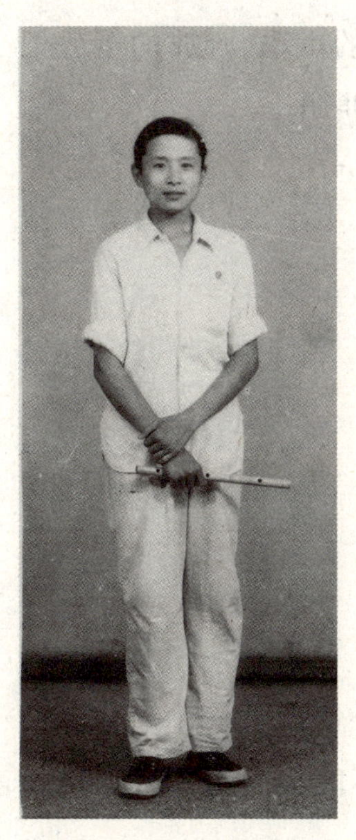

1960 年，在合肥稻香村小学教美术的童乃寿。

艺术学院毕业后，童乃寿被分到合肥稻香村小学，当了一名美术老师。

那个年代，有一份“铁饭碗”的工作，是非常令人羡慕的。对童乃寿而言，有了这份工作，就能安心画画了。

他租了一个小房子，在二楼，只有 8 平方米。院子里有棵枯了的香椿树，他入住后，香椿树长出了新叶，他觉得很兴奋，便自称“香椿居士”。画家陈丁佛也住在附近。由于他们同为孔小瑜的弟子，两人常常一起切磋。

童乃寿喜欢小孩子，认认真真教他们画画，带着他们画鸟，画蓝天和白云。有的孩子没有画笔，他便帮他们买。

学生们都喜欢上他的课，只要是美术

课,上课前,教室里一片沸腾。

有个 7 岁的小男孩叫黎寒松,长得憨厚可爱。童乃寿很喜欢他,他也喜欢这位不到 20 岁、长得清瘦但精神帅气的童老师。

有一次,黎寒松眨巴着眼睛,神秘地对童乃寿说:“老师,我送您一份礼物!”

“送我什么礼物呢?”童乃寿笑着问。

“一张画,希望你喜欢!”黎寒松说着,一只手从身后伸出来,将一张画交给童乃寿。

童乃寿展开一看,是一幅奔马图,以饱酣的重墨、奔放的笔势把奔马展现得栩栩如生。他一看落款,竟然是徐悲鸿。

童乃寿大吃一惊,问道:“你这画是哪来的?”

“我家的。”

“你家有这画?”

“有的。我妈给我的。”

“这是徐悲鸿画的。”

“是的,他是我外公。”

“你外公?你妈妈是谁?”

“我妈妈叫徐静斐!”

童乃寿也不再追问,将画交给黎寒松,告诉他:“你这个礼物老师不能收,不仅我不能收,而且你要好好保管,不能轻易给别人。你外公是大画家,非常了不起的大画家!”

后来,童乃寿才知道, 1948 年夏天,徐悲鸿长女徐静斐高中毕业,考取了金陵女子大学医学预科班。母亲蒋碧薇反对她学医,便通

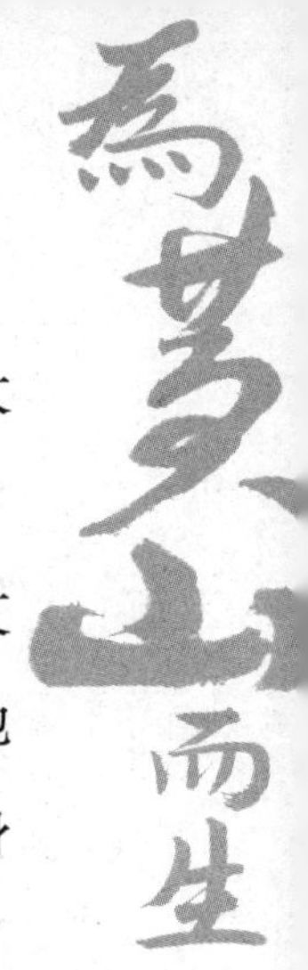

过关系，将女儿转到了外语系。一年后，徐静斐作为饮誉金陵女子大学的高材生，接触了不少进步书刊和地下党员。

1948年初冬的一天，徐静斐写了一篇揭露母亲朋友张道藩的文章，贴在女大的墙报栏里，遭到了蒋碧薇和张道藩的指责。这时，她突然接到了一份中央党组织同意她去解放区的通知，就这样，她投身解放军的行列。

1949年4月，徐静斐随中央一野战军党委派遣的金陵南下干部支队，参加接管南京的工作，不久又被派往安徽。蒋碧薇则随张道藩去了台湾。

1951年，徐静斐与一同从南京军管会派往安徽工作的副军事代表黎洪模结婚。1953年徐悲鸿去世，她因生孩子未能与父亲见上最后一面。1954年，她考取了安徽农学院，此后留校，成为一名农学专家，晚年写字画画，低调地生活在合肥。

其实，徐静斐没有多少徐悲鸿的作品。她13岁那一年，随父亲去重庆，在一次中央图书馆主办的徐悲鸿画展上，父亲高兴地拉着女儿的手，让她在展览作品中挑选15幅画。在父亲的学生吴作人、吕斯百的帮助下，徐静斐选了有关雄狮、鹰、奔马以及竹子等15幅作品，她交给妈妈蒋碧薇保管，却被蒋碧薇带去了台湾。

黎寒松听从老师童乃寿的话，一直珍藏着外公的《奔马图》，包括"文革"时期，外公被否定，这幅画都躲过了造反派一次次搜查。后来，徐静斐动员黎寒松把这幅作品捐给了安徽省徐悲鸿基金会。

在稻香村小学，童乃寿结识了很多朋友，其中与同事江道义（化名）友情最深，单身的他们一起喝酒，一起聊聊社会与人生。

学校吃大食堂，老师们要到城南的乡村去挑粮食和菜。童乃寿年轻，被选取承担这个任务。

农村一律吃大锅饭。童乃寿在等菜的时候，跑到公社食堂看了看，看到社员吃的几乎是菜叶，看不到几粒白米，有感而发地感叹："唉，生活这么苦，吃得不如劳改犯啊，甚至比过去的猪还差！"大家听了，纷纷看着他，惊愕得半天说不出话，有一个人手中饭碗都掉地上了。

几天后，学校领导、教育局领导、市领导，轮流找童乃寿谈话，一顶顶帽子扣给他，一个比一个大。

"你是不是对教书育人的工作不满意？"

"你是不是对现实很不满？"

"你是不是反对人民公社化？反对伟大的毛主席？"

"你是不是对新生的社会主义国家很仇恨？"

童乃寿害怕了，他意识到问题的严重，赶紧跑去找童雪鸿商量。

童雪鸿是一介文人，也被吓慌了神，只是一味埋怨学生："你怎么这么随便说话呢？凭这句话，他们能把你打成现行反革命啊！"

"生活真的很苦，我看不下去。这样下去，要饿死好多人，有的人走路都走不稳，脚上没力气。这人民公社化到底好还是不好呢？"

"你一句感叹能改变？"

"看到那种情况，心中哀婉，不由自主地说了一句。"

"我理解你的善良与正直。但你一点政治意识都没有，不知道保护自己。"童雪鸿急得额头冒汗，"多少人因为无意间一句话，被关进了监狱啊。"

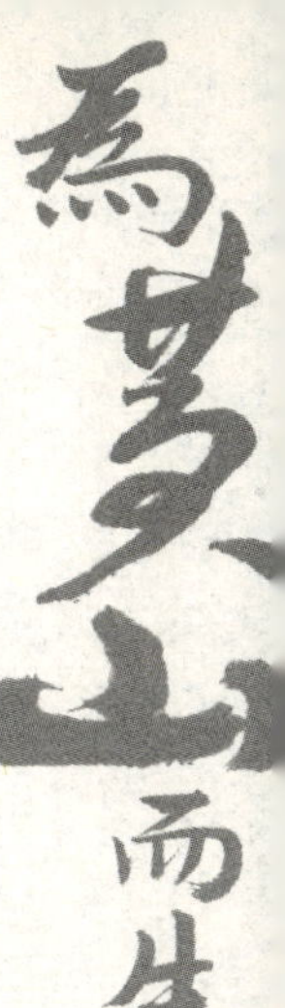

“老师，我怎么办？我不能不画画。”童乃寿急了。

“我估计有些严重，我来找人为你求求情，免去牢狱之灾，可能你这个书是教不了了。”

几天后，结果出来了。童乃寿散布反对人民公社化的言论，鉴于他根正苗红，为人正派，工作认真，不追究其他责任，但清除出教师队伍。

在老家的童兴友听到这个消息，病倒了，几天吃不下饭。

儿子 14 岁离家，整整奋斗了 6 年，一家人也含辛茹苦地接济他，好不容易成了公家人，端了个铁饭碗，他为此激动了几天，也风光了几天。可是，就说了这么一句话，铁饭碗给丢掉了。

心理落差、他人戳指、对儿子未来的担忧，让这位父亲陷入无限悲痛之中。

第三章　奠定基础

诗与风骨

青松不畏严寒
雪压折了枝干
依旧是凛然气概

失去教师职业,生活又回到无所依靠的从前。

童乃寿为此很纠结。仅仅是一句话,奋斗数年的工作就没有了,又回到浮萍状态,这是谁的错?

他后悔自己无意说了句公道话,但内心又不觉得这是错。他为此迷惑。

童雪鸿很担心,告诉他说:“你的理想是成为一个大画家,道路曲折些不影响你理想的实现。眼下你没事做,就继续学习吧,尤其是美术史的学习。一个画匠可以不懂美术史,但一个大画家不能不懂美术史。站得高,才能看得远。”

1962 年,童乃寿进入合肥师范学院进修,学习美术史和画论。他开始做古诗,一次,他读到了手抄版的安徽省副省长张恺帆的古诗

词，非常敬仰他的诗才。

其中一首《龙华悼念死亡烈士》是张恺帆在1933年任上海吴淞区区委书记时因叛徒出卖被捕，被关押在龙华监狱中时，用铅笔写在墙上的。“龙华千古仰高风，壮士身亡志未穷。墙外桃花墙里血，一般鲜艳一般红”，童乃寿反复品读，更是敬仰他的风骨。

童乃寿认识张恺帆是从位于长江路上的文华新村开始的。“文华新村”这四个字正出自张恺帆之手，写得饱含风骨，极具韵味。

欣赏这四个字的何止是童乃寿。诗词、书法极好的毛泽东也对此大加赞扬。

1958年9月，毛泽东主席从武汉乘船来安徽视察，随行人员有张治中、谭震林、张云逸、罗瑞卿等人。9月16日下午，他在安徽省委第一书记曾希圣和省长黄岩等人陪同下，由安庆驱车前往合肥。

随行的张治中对毛泽东说：“我们家乡人都想见见您。”毛泽东欣然答应。安徽没有敞篷车，便从南京军区借来两辆绿色苏式“高斯69”敞篷汽车。

9月19日，秋雨蒙蒙。得知毛泽东将同大家见面，金寨路、长江路、胜利路……街道两旁挤满了人。

中午的时候，雨霁日出。初秋的微风吹拂着白云，云层里射出缕缕的阳光。

从稻香楼门前的金寨路上，传来人们盼望已久的欢呼：“毛主席来了！”

毛泽东身穿银灰色风衣，满面红光、神采奕奕，在曾希圣的陪同下，乘着绿色的敞篷小汽车，由金寨路驶进长江路。

“毛主席万岁！”排好队的市民呼喊着，使劲地招手。

“同志们好！”毛泽东用湖南方言回应，激荡在合肥的上空。他一面说，一面挥手。忽然，他的手不挥了，目光停留在“文华新村”那几个字上，问身边的曾希圣：“这几个字是谁写的？”

曾希圣看了看，回答道：“这是张恺帆写的！”

“你们安徽还出了个秀才嘛！”毛泽东脱口而出。

这么一来，张恺帆的名气更大了，“文华新村”的名气也更大了。

而题这几个字的张恺帆被打倒，刚刚获得平反。原因是 1959 年他解散无为大食堂，公开发粮。

1959 年 7 月 2 日，庐山会议召开，省委第一书记曾希圣赴庐山列席会议。

这一天，张恺帆听说老家无为县饥荒严重，他带着安徽省民政厅副厅长白犁平、安徽省粮食厅副厅长刘健民等人前去调查。

5 日，彭德怀和周小舟在庐山会议上大谈湖南“大跃进”中存在的问题。张恺帆则在无为县命令公共食堂暂时停办，自留地归还群众，每人每天发粮不少于 1 斤。

张恺帆心急如焚。为了全面反映情况，他打电话要省委书记处候补书记陆学斌派人协助写成报告。

23 日，庐山会议上，彭德怀受到严厉批评。24 日，张恺帆从无为调查完回到合肥。

8 月 1 日晚，安徽省委常委会议在稻香楼召开，批判张恺帆。4 日，一份报告被送上庐山。

9 月 19 日，安徽省委扩大会议通过《关于张恺帆、陆学斌反党联盟的决议》,张恺帆被秘密逮捕,开除党籍,撤销职务,关在合肥西郊和尚岗狱中。

1962 年 7 月 20 日,安徽省委为张恺帆、陆学斌彻底平反。

张恺帆这位同喝巢湖水长大的同乡,对童乃寿的影响是很大的,不仅仅因为他的艺术成就,更重要的是他的人品。

一天下午,童乃寿特意去拜访这位同乡。

同样因为人民公社化中的遭遇,刚刚获得平反的张恺帆对童乃寿有了同命相怜之感。回顾过往岁月,他感叹不已,勉励他要经受得起挫折,一切向前看。

1979 年后,张恺帆担任安徽省政协主席,赖少其担任副主席,他们都重视书画艺术。省政协常常组织笔会活动,邀请全国名家前来创作、研讨,后来还成立了书画社,童乃寿与张恺帆的接触更多了,更能感受到他的人文精神。

从张恺帆身上,童乃寿学到了坚定的人生信念和正直的人格力量。在此后的人生岁月里,童乃寿坚持正义,与人为善,从不背后道人短长。

潘天寿来合肥

站立高山　才有风景无限

放眼大海　始知天地浩瀚

中午小睡一阵后，童乃寿擦把脸准备画画，在合肥文联工作的裴家同通知他去文华新村，说省委宣传部请了一位大画家来作画。

哪位大画家？裴家同说去了就知道。

驻足文华新村前，童乃寿总要仔细品味那四个字，品味张恺帆的人格魅力。

带着对张恺帆的深深敬意，童乃寿走进省文联创作间。

室内有许多人，老师孔小瑜也在。

省委宣传部副部长、省文联主席赖少其正与一位身穿对襟衣衫、脚穿元宝套鞋、精神矍铄的老者交谈甚欢。裴家同、张建中走过来告诉童乃寿，说："这位就是潘天寿！"

童乃寿仔细打量着，对面就是美术界公认的20世纪与吴昌硕、齐白石、黄宾虹并肩而立的"四大家"之一的潘天寿！他从报刊上看过他的作品，虎、老鹰、荷花……也曾一度临摹过。潘天寿的作品功力沉厚，脱尽窠臼，有沉雄奇崛、苍古高华的自家面目。他还了解到，1960年秋，苏联画家斯托列托夫受全苏艺术家代表大会委托，专程来

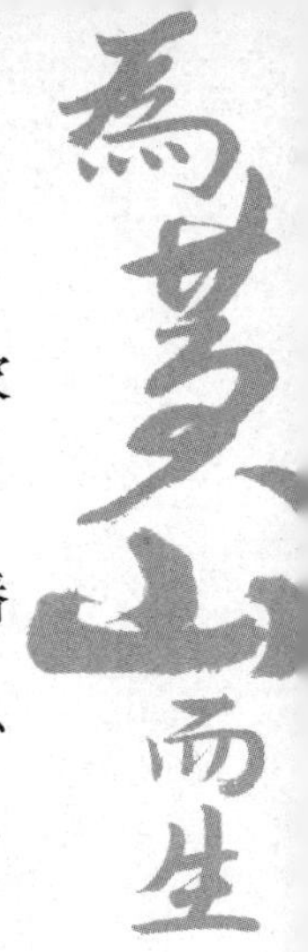

杭州，授予潘天寿“苏联艺术科学院名誉院士”称号，这是令多少画家神往的荣誉。

潘天寿开始作画了。童乃寿等年轻人赶紧展纸、递笔。只见潘天寿凝神一会，一笔下去，果断而干练，时急时缓，雄健、刚直、凝练、老辣的线条呈现出来。

在场的人都凝神静气地观看。

有人忍不住赞叹：“笔力雄厚，线条真好！”

潘天寿继续作画。墨色上，他用浓墨、泼墨，最后稍许染色，一幅清超绝俗的《松鹰图》完成了。

众人鼓掌，潘天寿才说话：“刚才这位画友说了线条好，对，绘画要重视线条功夫。元明清以降，文人画家多求线条的圆润、和谐、浑厚、秀雅，我追求方折、挺拔、生辣和雄劲，以线为骨。线可刚可柔，如何运线为骨？可与书法中‘怒猊抉石，渴骥奔泉’二语相参证。”

“深有启发！”赖少其带头鼓起掌来。

接下来，潘天寿捋了捋衣袖，开始作指墨画。他泼了一摊墨后，手指勾画，手掌铺画荷叶，瞬间，一幅凝重生辣的《映日荷花》画好了。画面上，一株荷花擎天而立，分外精神。

“指画是偏侧小径，但运指运墨间别有韵致。指头画，宜于大写，宜于画简古题材。但是要简而不简，写而不写，才能得指画之长。否则，落于单调草率而无蕴蓄之韵。”潘天寿一面端详一面说。

“绝妙！该添人添口又添丁了。”赖少其指着画面说道。

潘天寿会意一笑，盖上“百花生日生”印章。

赖少其怕大家不理解这个印章的含义，解释说，潘天寿是百花生日那一天出生的。

原来,潘天寿夫人何文如,婚后改名何愔。何愔是潘天寿的学生,在艺术殿堂师生相恋,于1930年结婚,婚后数十年相濡以沫,同甘共苦,是画坛令人羡慕的夫妇。一次,在岳父家举办的喜宴上,助教雷奎元口占一联曰:“有水有田兼有米,添人添口又添丁。”上联合一个“潘”字,下联对一个“何”字,将新郎新娘的姓赋予了吉祥如意之意。传出后,成了典故。

当晚的宴会很轻松。潘天寿7岁丧母,当他了解童乃寿12岁丧母,有了一种同病相怜的心理亲近。他1934年由邵裴子等人陪同登临过黄山,这次希望童乃寿第二天陪他同游黄山。因为童乃寿还没去过黄山,路径不熟,同时还有功课,赖少其建议由张建中陪他上黄山。

赖少其向潘天寿介绍,张建中是山东高密人,曾在《大众日报》、新华社江淮分社、安徽日报社担任记者和编辑,现任安徽人民出版社美术组组长。他曾多次上黄山,并且他画的黄山遒劲峻拔,静穆精深。由他陪上黄山,很合适的。

潘天寿同意了。他告诉童乃寿,一定要上黄山去写生,看黄山峥嵘气象,那才能激发一个山水画家的创作热情,要画好黄山的云、黄山的松。

围绕黄山,大家交谈兴致很高。潘天寿特别喜爱黄山松,笔下松树千姿百态。他脱口而出1944年创作的《黄山虬松图》上的题跋:

我爱黄山松,墨溶泼不已。

高者直参天，低者仅盈咫。

筋髻万叶青铜古，屈铁交错虬枝舞，霜雪干漏般周雨。

黑漆层苔滴白云，乱峰飞月啸饥虎。

世无绝笔韦偃公，谁能纤末起长风？

蔡侯古纸鹅溪绢，展付晴光凌乱中。

这一次交谈，让童乃寿对黄山的云和松有了深刻印象，也让他对黄山无限渴望。虽然因为时代的动荡和物质生活的贫困，他直到1970年才登上黄山，但黄山的云和松成为他刻意去表现与突破的对象。

背 临

在无边的海洋里

放荡风帆

彼岸　给予前行力量

童乃寿一面学习，一面参加合肥市文联组织的各种美术创作活动。

这年，安徽为纪念毛泽东在延安文艺座谈会上的讲话发表20周年，举办了一个书画展览，童乃寿创作的《春艳》参展了，作品洋溢着清新、明朗的气息，一派欣欣向荣的景象。

1942年5月，毛泽东在延安文艺座谈会上提出，文艺要为工农兵服务，强调文艺工作者必须到群众中去、到火热的斗争中去。

第一次参加省级展览，童乃寿内心是很兴奋的。带着这种兴奋，他忘我地学习美术史论，忘我地阅读历史和文艺书籍，忘我地创作。在这样的状态中，时间过得飞速而充实。

第二年的春天一直处在寒冷之中，童乃寿因为长期作画，手都冻僵、冻破了，但他仍然坚持起早作画。

4月，天气逐渐暖起来。一天，童乃寿正在自己小房间里创作。忽然间，天昏地暗，紧接着风雨夹着冰雹噼里啪啦地响起来。

风雨停止后，大街上一片狼藉，房屋倾倒，有的大树被连根拔起。郊区的情形更惨，许多人家的屋顶都被风暴掀掉。

搭建房屋、清理树木、补种庄稼，人们进行救灾运动。自从一个月前，毛泽东发出"向雷锋同志学习"的指示后，社会上掀起了学雷锋热潮。在这次救灾运动中，学习雷锋的精神更是得到了切实的体现，大家相互帮助，驻肥部队也与城乡人民一起救灾。

童乃寿也投入到救灾之中。他放下画笔，与淳朴的农民共同劳动。他感受到了快乐，感受到了时代纯真的气息。

灾难自救后，一切恢复原样。童乃寿除了听课外，几乎把自己封闭在小屋子里学习，他告诉自己必须这样夯实基础，才能有力量不断前行。

直到深秋，他才又参加一些创作活动。

有一次，他碰到了萧龙士的弟子萧志远，得知李苦禅来合肥了。

"住哪？"

"稻香楼。"

"我们一起去看看吧？"

"我与王梦龙游泳到稻香楼拜会了他，听说我们是萧老弟子，又是游泳去看他，李苦禅非常感动，也非常热情，现场为我们指导作画。"

童乃寿一听，急忙跑到稻香楼。他多么希望拜见李苦禅，得到他的指点啊。

李苦禅也是齐白石弟子，担任过杭州艺专、中央美术学院教授，他的花鸟画笔墨雄阔，质朴雄浑，尤其是鹰等禽鸟画，更是浓墨神俊。

中国画坛上，李可染、李苦禅、萧龙士、许麟庐四人的友谊，更是让人称道。

在合肥，稻香楼是一座地标。清初，合肥人龚鼎孚从浙江退归家乡，在城南建起稻香楼，有浮桥与城内相连，岛内有镜亭、蕉窗、竹坞、复道等景点，《庐州府志》描绘："汀畦飘渺，仿佛蓬莱。台榭参差，规模阆苑。"

龚氏弟兄喜爱文艺，稻香楼一度成为文人吟咏唱和的场所。

龚鼎孚兄长龚鼎孳，历任刑、兵、礼三部尚书，又是著名诗人。他的爱妾是"秦淮八艳"之一的顾媚，工诗善画，精音律，尤擅画兰。她的诗词婉约清新，绘画笔墨独特，音律上更号称"南曲第一"。才子、佳人的入住，使稻香楼有了美丽的传奇，有了诗情画意。

1956 年，安徽省委在稻香楼旧址兴建宾馆。宾馆三面环水，树木苍郁，竹影扶苏，静谧幽雅，鸟语花香，因为接待过毛泽东等国家领导人和外国元首，20 世纪 60 年代，一度是戒备森严的神秘场所。

童乃寿来到环城马路，望了望树木中的楼宇，他纵身跳入水中。水中一片冰凉，童乃寿游到对面，冷得直打哆嗦。上岸一打听，李苦禅随萧龙士到蚌埠作了一段时间画后，几天前返回北京了。

多么遗憾，失去一次向大师学习的机会。

童乃寿学画，最大的愿望是观摩大家作画，看他们调墨、运笔，看他们布局谋篇。每一次观摩后，童乃寿总要凭着记忆去摹画，画得面貌一样才放手。正是这样的精神，促使他把每一家的笔墨精髓都化为己有。

这种"背临"的方法是老师童雪鸿要求的。童雪鸿十分重视写

生，留心于身边的一草一木，并经常默记在脑中，每有所得，或用草图先行勾出，或以速写记在本上。此外，就是借他山之石以攻玉，背临历代名家名作。

童乃寿曾在一天晚上看童雪鸿背临齐白石弟子王天池的《双蟹》，临了一幅，不满意，撕毁重来，直到有一幅满意，才在页面上记下“曾见天池老人画蟹，用笔刚健，墨色淋漓，爱不忍释，灯下背临其意，愧未能似”的语句。

有一天，陶天月告诉他，合肥晚报社请梅华来创作了。

徽州梅姓是了不起的，出了许多精通书画人才。清代时，梅清是一代名画家，与石涛关系甚笃。石涛早期的山水，受到梅清的一定影响，而梅清晚年画黄山，又受石涛的影响。梅清与石涛，被称为“黄山派”巨子。

梅华 1905 年出生在黄宾虹老家歙县潭渡邻村，虽是农民出身，但喜欢书画。为了生计，梅华一度经营扎花店。有一年，黄宾虹的大夫人洪四果死了，他与二夫人宋若婴赶回徽州办丧事，看到梅华正在扎纸房，并在上面画山水。黄宾虹一时忘了丧事，看他在纸上画画，大为惊叹。这之后，他亲自教梅华画画。

梅华善于将泼墨、积墨、宿墨互用，对石绿与淡赭颜色的使用炉火纯青，作品浑厚华滋、韵味无穷，成为中国画坛的传奇画家。

梅华除了山水外，更善于画梅花。他画画时，把笔尖在嘴里舔着。童乃寿好奇地问原因，他回答说：“津液为水谷精气所化生，含有胶质，对墨色、墨的滋润有调控作用。”

童乃寿早期在艰苦环境中创作。

回来后，童乃寿凭着印象，立即描摹梅华的梅花图，枝干遒劲，梅花点点，韵致纷呈。作画时，他也将笔尖在嘴中舔着。画完后，拿起桌上一块缺了边的镜片照自己，黑黑的嘴唇包着洁白的牙。

渴望游历

风，在风头呼啸

云，在云端飘荡

远方，在远方呼唤

在合肥师范学院进修期满后，童乃寿又进入安徽省手工业干部学校学习。他坚持每天五点起床，锻炼一阵子身体后看书、作画。

观摩名家作画，成了这段岁月的主旋律。只要有机会，他总是往一些名家家里跑，去观摩。裴家同被他的学习精神感动，市文联只要邀请外地名家来创作，总要通知童乃寿过去。

1965 年，国家对外文委主办的现代中国书法展览在日本展出，童雪鸿有一件印谱参展，深受好评。

童乃寿从报纸上看到这件事，便赶往老师家祝贺。

赶到老师家的时候，老师正与合肥师范学院艺术系教授光元鲲在一起作画。

光元鲲 1928 年考进上海新华艺术大学绘画系，算起来是童雪鸿的学弟，又与方春晖都是桐城人，在安庆时两人都与懒悟是朋友。他的儿子光相磐从安徽艺术学院毕业，也是童雪鸿的学生。正因为如此，他们友情很深厚。

童乃寿的到来让童雪鸿很高兴,急忙向光元鲲介绍:“这是我学生童乃寿,这孩子,我最喜欢他的勤奋好学,有海绵吸水的精神!”

童乃寿祝贺老师的印谱出国参展,童雪鸿笑了,说道:“感谢你有这份心意,不过,这没有什么值得祝贺,做个画家,永远要把获奖啊、展览啊放一边。光元鲲先生师从潘天寿、黄宾虹、张善孖等先生。他以画虎见长,取法张善孖,又能突破前人、自成一家。他画的虎,或纵或卧,或吟或吼,尽得虎威之态,又有虎的柔情。”

有一段日子,童乃寿经常去观摩王石岑作画。他羡慕王石岑作品中那种郁邃空灵、气韵浑弘的风貌。

这天放假,他又去王石岑家。这是几天前约好的。

童乃寿内心清楚,石岑老师允许自己去他家观看作画,是很看重自己的。早在 1953 年,他的作品《黄山》《关山万里图》就入选全国美展,这可是让人无限羡慕的。尤其是在 1959 年,王石岑完成了巨幅国画《迎客松》,竖 2.5 米、横 4.5 米,以其为样本制作的铁画陈列在北京大民大会堂,周恩来总理都夸赞说既有中国气派,又有艺术魅力,是美与力的最佳结合。

空着手去感觉不自在,童乃寿掏了掏口袋,实在是拮据。走在街上,红日正照耀着来来往往的人们,鹅黄的柳条在风中招摇,天气明显暖和了。油条摊子正飘着一股香味,对了,就买几根油条去老师家吧。

他拎着几根稻草捆扎的油条,来到合肥师范学院教师宿舍楼楼前,申茂之正坐在那晒太阳。童乃寿礼貌地打着招呼,他正要将手中的油条给申茂之,申茂之赶紧挥挥手。

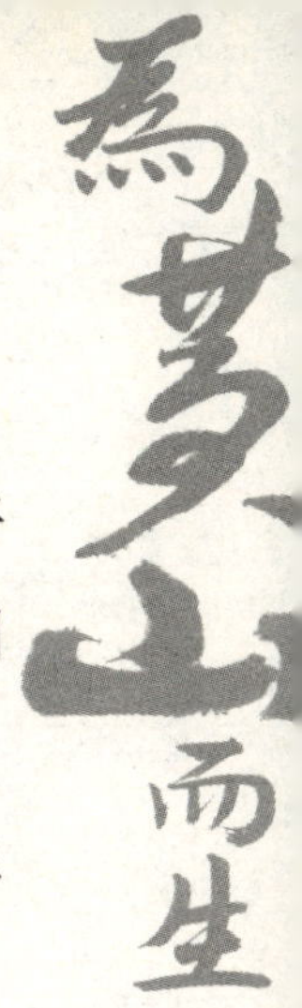

童乃寿走进王石岑的家。

王石岑正在画黄山，勾勒、渲染一番后，一幅《黄山初晴》便画好了，画面上，笔墨酣畅淋漓，苍劲厚重。山体勾勒渲染得雄浑，云层则轻盈、涌荡。

“老师，这幅山水一看就是属于您王石岑的，我的山水，怎样去形成自家面貌呢？”

“你的笔墨功夫很扎实，对各家各流派都有吸取借鉴，这很了不得。现在你所要追求的不再是笔墨技巧，而是学养、阅历、人生感悟。我在40岁前，一直在学习、游历，不急着让自己的风格定位。广泛吸收后再形成自己面貌，风格定早了，路也就窄了。”

王石岑从小师从合肥名家陈弗塘，随后师从中央大学教授、艺术大师黄君璧，学习的是绘画的技法，是功夫。他在四川历经了一番游历，因黄君璧引见，受到徐悲鸿、张大千、黄宾虹、傅抱石等人的启迪，此后，又广泛吸取新安画派、姑孰画派等各家滋养后，才有了得心应手的感觉。

童乃寿点头道：“读万卷书，行万里路。我埋头读了两年的书，系统读了美术史论，现在需要的是外出游历，观览万千山水，饱览四时风云。”

“一个真正的画家，还要放眼天下，有强烈的社会责任感，有高尚的灵魂，否则仅仅是个画匠。情怀不高，画品不高，古今中外，概莫如此。”

这些道理，童乃寿在书本上都读过，但经过老师一说，他觉得更为在理，更为具体。他暗暗下定决心，一旦有了条件，要游遍皖南山山水水,游历巴山蜀水,追寻徐悲鸿、张大千、黄宾虹、傅抱石等人的足迹。

临近午饭,他起身道别。老师留他吃饭,他执意要走。老师将油条塞在他手上:“这个你带着,你从乡下来合肥求艺,很不容易,吃了不少苦头的。”

童乃寿眼睛一阵湿润。

这几根油条,成了他的午餐。

留　　校

总有那么一个动人夜晚
月亮有着醉人的脸庞
清辉像条河　流在心畔

这年的3月，春寒料峭，燕子来得很迟。

天气晴朗的日子，童乃寿总是沿着金寨路，一直南行写生，画农舍、池塘、农夫、耕牛。

金寨路南段在加宽。人们正忙于移植人行道上的树。这些树最早的栽于1953年，最迟的栽于1960年，大多数还没有成材，需要移植。承担移植任务的十九个单位全体出动，喊着“革命精神造林”的口号，在热火朝天地挖坑、抬树、栽树。

这情形感染了童乃寿，他迅速地拿出笔速写。

“哟，来了个画家，画得真像。”他的身后，悄悄立着两个姑娘。

童乃寿的脸刷地红了，慌忙将速写收起来。

“不画啦？不画就帮我们植树吧。”一个脸庞圆圆的姑娘说道，她笑起来，眼睛像一弯月亮。

童乃寿觉得她笑起来格外好看，不由自主地点点头，来到人群中间，挥起锹来，挖着坑。

“嗨，你的画掉了。”圆脸庞姑娘捡了起来，“送给我吧，我们宿舍还没画呢。”

“你喜欢就送给你，只是画得不好。”童乃寿觉得自己的心怦怦直跳。

“画得好，画得太好了！我们是省银行学校的，你呢？哪个单位的？”

“我嘛，”童乃寿脚踩在锹上，正欲说出自己名字，有人在起哄，便红着脸道，“不告诉你！”

“哟，还是活雷锋啊！”

“焦裕禄，国家正号召我们学习焦裕禄呢，看，焦裕禄来到了我们身边。”

童乃寿不搭理，他是一个不善于开玩笑的人，于是埋头干活，但内心还是很快乐的！

植树回来好一段日子里，童乃寿的脑海里总是莫名地浮现那个女孩的身影，红润的脸庞上一对招人喜爱的酒窝，整齐洁白的牙，说话时眼睛忽闪忽闪的，笑起来更是妩媚动人。

明月高悬的夜晚，他静静地立在窗前。年轻的心飞得很远，关于女性、关于未来，关于一切美好的事物，都像是天上的明月，那么近又是那么可望不可即。

他想去银行学校，看看那个女孩。如果看到了，一定要给她画张速写。这么想着，他不由自主地拿起笔和纸，整理整理衣服就准备出发了。

“童乃寿，你过来一下。”

童乃寿回头一看，是张校长，便走了过去，随他进了办公室。

“校长，找我有什么事吗？”童乃寿有点忐忑。

“别急，好事啊。”校长给他泡杯茶，说道，“尝尝这茶，黄山毛峰。”

“嗯，好茶！”童乃寿呷了一口，清香四溢。他很少喝到这样的茶。

“你学习快两年了，人勤奋，诚实可靠，画又画得那么好，学校经过研究，上报省手工业管理局同意，决定让你留校，从事宣传工作。”

1967年4月，在合肥市省手工业干校的童乃寿。

这真是一个喜从天降的好消息。从1962年安徽省手工业管理局创办手工业干部班，到1965年升格为学校，到现在已经培养了近千名财会干部和职工。能够留校，意味着自己将是三十几名教职工中的一员，更意味着自己有稳定的工作和收入来源，当然，也能专心画画了，何况是从事宣传工作呢。

童乃寿暗暗感谢命运对自己的垂青。他为之兴奋，便把其他事抛到了脑后。

悲　　伤

梅子黄时雨

多少愁，倚阑干

留校了，又能捧上铁饭碗。童乃寿为之激动得跳跃，他想尽快把这个消息告诉恩师童雪鸿。

梅雨时节，纷纷细雨打在院子里的葡萄叶上，沙沙作响。

推开门，老师童雪鸿与师母方春晖正在“拜石斋”里相对而泣。

“乃寿啊，你来啦？我儿子得病了，不治之症啊！”童雪鸿说罢，失声哭起来，方春晖忍不住，也跟着号啕大哭。

真是如雷灌顶的坏消息！老师的儿子祚德，读中学时就与自己关系很好，他聪明、勤奋，后来考上了北京航空学院。正是英年报国的时候，怎会染上怪病呢？

童乃寿不禁潸然落泪，紧紧拥抱住哭泣中的老师和师母，劝慰道：“老师，师母，现在我们国家的医疗技术水平很发达了，北京还有国外专家呢，祚德哥不会有事的，一定不会有事的。”

经学生一劝，童雪鸿夫妇恢复了平静。

有一段时间没来老师家了，童乃寿环顾室内，只见老师洗脸的地方，挂着《孝女曹娥碑》，饭桌旁墙壁上张贴的是《史晨碑》，桌上更是甲骨、钟鼎和大篆碑帖。他不由得感叹道:“老师,您的书法师古而不泥古,守规而出格,独辟蹊径,独成一家,人们都称赞说‘汉魏神游久,周秦墨舞酣’。这与您勤奋精神是分不开的,您苦练碑帖的精神是我终身学习的楷模啊。”

谈到艺术,童雪鸿忘了儿子生病的事,又回到了以前的状态,师徒论道。

“学无止境,一个书画家一定要上溯秦汉,下至明清,广泛猎取,不仅仅是书画技巧本身,包括相关的学识,都得丰富。我现在越来越喜欢《曹娥碑》,你在研读史论,可了解多少关于《曹娥碑》的故事?”

“老师,这我知道,曹娥是东汉时期浙江上虞人,她的父亲曹盱落水舜江,年仅 14 岁的曹娥沿江哭寻父亲。过了十七天,在端午这天她也投了江,三日后抱出父亲的尸体。后人为纪念她,改舜江为曹娥江。”

“嗯,这是曹娥投江的故事,那这个《曹娥碑》,你了解多少?”

“曹娥的故事传开后,会稽上虞令度尚欲为曹娥立碑,他的弟子邯郸淳年方弱冠,稍作构思,一挥而就。碑以载孝,孝以文扬。大书法家蔡邕闻讯来观,读后书‘黄绢幼妇,外孙齑臼’八字于碑阴,后来人们解读出隐含‘绝妙好辞’的意思,可惜这个碑丢失了。

“所幸的是,王羲之后来小楷书写曹娥碑,新安吴茂先镌刻。这个碑的绢本留存了下来。现存的曹娥碑是在宋代由王安石的女婿蔡卞重书,为行楷体,笔力遒劲,历经千年还立在庙中。”

“好啊,乃寿,这段日子你读了不少书,学习了不少知识。”童雪鸿很兴奋,从抽屉里小心地抽出一张宣纸,说道:“老师用这个纸给你画张画。这可不是一般的宣纸。一般的宣纸久了，会生虫，霉变，甚至脆弱难拎，这是采用特种材料，运用传统手工抄造技艺造出的千年寿纸，抗老化、防虫蛀、耐久藏。这是纸厂特意为海粟老制作的，海粟老送了些给我。”

“这么贵重的纸，老师还是自己留着吧，用得着的时候用。”

“给你画画，就是用得着的时候啊。我的老师送给我，我用它作画送给学生，这是一种文化传承。”童雪鸿边说边展开纸，问，“画什么？菊花、螃蟹、鳜鱼还是兰草？”没待童乃寿回答，便说道，“我的菊花你有，画兰草吧，高雅，有品质。艺品如人品，一个艺术家，要追求高尚的人品。我很少画兰花，因为萧老是兰草大家。”

童雪鸿一面画一面说：“今天，给你画兰，一是奖励，你有进步；二是祝贺，通过努力，你留校了。”

童乃寿观看老师凝神作画，随着笔墨行走，洁白的千年寿纸上出现了一株幽兰。画好后，童雪鸿挪开藤椅，站起来题款留印。

临走时，童乃寿掏了掏口袋，掏出一些票子，对老师说：“老师，你们去北京看祚德哥，替我买点东西看他。”放在桌上便跑开，童雪鸿夫妇在身后喊：“乃寿，乃寿！”

他挥挥手：“老师，千万别担心，祚德哥不会有事的。”

童雪鸿看看桌上的纸票，又回到现实中，与方春晖一起哀叹。

雨，淅淅沥沥下了十几天，惆怅，无期。

第四章　特殊岁月

痛失恩师

黑夜里失去星辰

我如何探寻明天？

潜心学习、画画的童乃寿没有意识到时代风云突变。

1966年5月23日，合肥市委传达了中央《五·一六通知》。一大批干部、知识分子和知名人士纷纷被打成“黑帮”、“牛鬼蛇神”，遭到严厉批判。

时代的潮流越掀越大！

随后，学校里纷纷出现了“红卫兵”，他们以激进姿态站在时代前沿，对所谓的旧思想、旧文化、旧风俗、旧习惯等“四旧”展开猛烈的批判和捣毁，一些教授被抄了家，收藏的古书、古字画被搜出来付之一炬。

“糟了，童老师和师母平时省吃俭用，最爱收藏名家字画，不会出什么意外吧？”童乃寿想着，急忙去童雪鸿家。

一个黄昏，西天一抹斜阳。

室内很暗。方春晖独自坐在室内，黯然神伤。看到童乃寿进来了，她脸上的泪水像断线的珠子一颗接着一颗滚落，说道："你老师走了，几天前。"

"这，这怎么会呢？老师正当年呢。"童乃寿呆了，茫然不知所措。

原来，老师唯一的儿子祚德因病不治而亡，自己用一生心血所收集的名家字画有的被焚，有的被盗，自己还遭到批斗，被关了起来。万念俱灰的童雪鸿在一个下午，木然临窗画了四幅墨梅，还画了一幅幽兰。

画好后，他久久端详。在夕阳西下时，他从关他的楼上纵身跳下，以此抗拒时代的疯狂，也结束内心深深的苦痛。

老师最后一幅幽兰图，同样是画在洁白的千年寿纸上，既无题款也未留印，唯见兰叶参差交错。"这是老师缄默无声的遗言，是他正直人格的写照啊！"童乃寿泣不成声。

回来的路上，万箭穿过胸膛。童老师是对自己非常关心的一位可敬的老师，现在失去了他，他感到自己的人生失去了一颗指引方向的星星。

自己从乡下来到合肥，举目无亲，找的就是童雪鸿，他不仅教自己绘画技艺，还教了许多人生道理，带自己认识许多大家，把自己引到绘画圈子里……回想往日点点滴滴，童乃寿内心犹如刀绞。他一路泪花纷飞，回到住所，忍不住伏在床上放声大哭。

父亲一般的老师走了，再也看不到他作画的情形，再也听不到谆谆教诲。他翻出老师送给自己的十几幅作品，跪了下去，含着泪一幅幅端详。他内心的痛苦实在是无法排遣，墙角有一瓶酒，拎了起来，

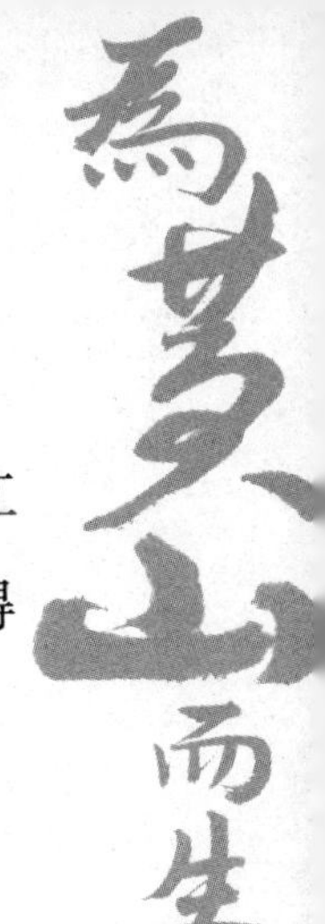

便往喉间倒去,只能一醉解忧愁。

第二天中午,一阵敲门声把童乃寿敲醒。他开门一看,是好友江道义来看他了。一进门便是浓浓的酒味,江道义便问道:“乃寿,醉得这样?死了都没人知道啊!”

“死了好,死了可以看见童老师!”

江道义大吃一惊:“怎么说这样的混话?”

“我老师童雪鸿死啦,被批斗的,他平生收藏的字画被烧毁了,他不堪痛苦,跳楼抗争。”

“唉,人死不能复生,你也不能太难受。”看到地上都是童雪鸿的画,便说道,“他被打倒了,你还敢留这些东西,我给你烧了吧。”说罢,捋将起来。

“你敢?”童乃寿跳了起来,“你烧,我与你拼了。”

“好好,不烧,你要收好,小心被别人发现。走,去我家吃饭,给你打几角钱的酒喝。”

中午就在江道义家,一碟小菜,一碟小咸鱼,两人喝起酒来。童乃寿还是喝一阵哭一阵,哭一阵说一阵。

喝完酒,走出来,童乃寿感觉内心好受些。“一个优秀的民族,必然有优秀的文化。”这是老师常常对他说的话,他决定好好画画,不负老师所教。他把老师的画拿出来,仔细去临摹。可是,他临摹不下去,脑子里都是老师关心自己的点点滴滴,回想起来是一种深深的痛。

他没办法画画,抒发内心忧伤的方式就是一把二胡。

他的无限思念、满怀愁绪,都倾注在《二泉映月》的琴声里。他让自己伤感怆然的情绪随着忧伤而又意境深邃的乐曲流淌，度过人生最痛苦的一段日子。

57岁的童雪鸿英年早逝。很长一段时间里，童乃寿都走不出对老师的怀念。回想老师的一切，他太为老师的死鸣不平，为他遭受批斗而愤恨。其实，老师作为一个画家，他是多么纯真，唯一的愿望就是能够安心画画。

“老师的为人与艺术成就还没有得到社会应有的评价！”童乃寿心中暗暗发誓，一定要通过自己的努力，让更多的人认识老师，了解他的成就。

童雪鸿去世后，越来越多的大家怀念他，高度评价他在书画和篆刻上的卓越贡献。1974年，他的朋友林散之在题童雪鸿《百菊图》扉页上写道：

相逢犹记话黄山，夜月松风兴未阑，
几日归来人如梦，天都云海惜漫漫。
仓皇岁月念迟迟，死别生离又几时。
忍泪看他遗墨里，黄花犹带傲霜枝。

1979年夏，安徽省文化厅等单位为童雪鸿举办了遗作展。1981年，人民美术出版社出版了《童雪鸿书画选》。

1990年，刘海粟悼念童雪鸿作二绝。

花雨弥天一笑逢，少年意气自毫雄。

方期鹏翼冲云起，岂料华颠悼雪鸿。

印坛寂寞已多年，底事才人草下眠。
夜梦巢湖波拍岸，唤君云外听冰弦。

刘海粟还在诗的序、跋中写道："画弟子童雪鸿为人正直，品艺高于侪辈，不幸浩劫中蒙冤而逝。故乡父老敬其人，为辟专室陈列遗作。春晖女弟驰书京华索句，漫吟二绝以赠并慰悲怀于数千里外，亦雪泥鸿爪耳！"

2008 年 12 月 30 日，在合肥的亚明艺术馆举办了"传承与缅怀——二十世纪安徽八家中国画作品展"。

《美术报》以《翰墨徽风》为题发表安徽美协常务副主席、合肥市委宣传部部长林存安文章，并加"编者按"：12 月 30 日，亚明艺术馆举办萧龙士、孔小瑜、懒悟、申茂之、光元鲲、童雪鸿、王石岑、徐子鹤"八老"中国画展，"八老"都是安徽近现代中国画坛的名家，他们献身艺术，勤奋耕耘，硕果累累，桃李盈门，为民族文化繁荣发展做出了贡献。对他们的尊重，就是对真正的艺术家的尊重，也是对后学者的激励。他们的作品集中展示，带给世人的思考是：中国画的繁荣与发展，在与时俱进的年代里应该如何把握民族精神。

林存安在《翰墨徽风》中评价童雪鸿说："以书入画，遒劲方刚，清新自然，师古而不泥古。"

这一天，也是童乃寿最为高兴的一天。老师终于得到了应有的认可与评价，他短暂的一生，也是丰盈的。

一餐肉的记忆

心痛的记忆
流泪的眼
愿清风带来明月

1967 年 1 月 25 日，上海的《解放日报》以“革命造反派来信”的形式发表了署名章仁兴的“春节不回家”的倡议。配发的评论文章写道:春节算得了啥！我们无产阶级革命造反派的最盛大的节日来到了！

这篇文章引起了巨大反响，全国各地的报纸纷纷跟进倡议。《人民日报》也刊登了“五十七个革命组织”联合发出破除旧风俗，春节不休假，开展群众性夺权斗争的倡议书。1 月 29 日，中央发布了春节不放假的通知。

童乃寿也没有回老家过春节。“干到腊月二十九，吃完饺子初一早晨就动手”，这是各大报纸和社会的声音。除夕的晚上，街上没有鞭炮声，街上格外冷清，童乃寿更是独自一人，连饺子都没吃上。

“也不知父亲在家里怎样？”他真想回家陪老人喝几杯，可是除旧风俗，哪能随便走？万一有人打报告，自己像童雪鸿老师一般被人关了起来，怎么去画画呢？

他只希望通过画画改变自己命运，过上好日子，把老父亲也接到城里来，与自己一起生活。可是，那样的日子要什么时候才能来临呢？更何况，现在多少画家被打倒，多少古画被烧毁？

我这样痴迷画画是为了什么呢？他扪心自问。然而，自己也不知道答案，于是不能自已地拿起笔，临摹起老师的一张画来。

青年时代的童乃寿

几天后，他想起好友江道义。他掀开被子，零散的还有些分票、角票,便带上8角钱出了门。

猪肉6毛5分钱一斤,童乃寿割了8两肉,来到江道义家,双手作揖:"恭喜发财!"

"我估摸着你要来呢?过年不放假,你能去哪?"北风很大,江道义把瘦弱的童乃寿拉进来,随手把门关上。

"你也不看报纸,不听广播。不准放鞭炮、不准烧香拜佛、不准滚龙舞狮、不准大吃大喝铺张浪费、不准赌博成为许多地方明令禁止的'五不准!'呢,过年见面不能再说'恭喜发财',要说'祝您今年见到毛主席'!"

江道义的妻子接过话道:"童老师一门心思画画,哪管这些?你别吓唬他!"

"这不是吓唬他,他只知道画画,这很危险的。"

童乃寿憨厚地笑,说道:"祝您今年见到毛主席!"

儿子吵着要吃肉,江道义这才发现童乃寿还买肉来了,责怪道:"你见什么外啊?再说,现在谁敢吃?"

"这不是过年吗?过年吃几块肉不要紧吧?"

"难说,万一有人说我们过资产阶级生活,说我们大吃大喝铺张浪费,麻烦可大了!"

可是,小孩子不懂这些,吵着要吃。江道义的妻子实在没有办法,烧起来怕别人闻到肉香,便把肉切碎,放进热水瓶里,盖上瓶塞。

吃饭的时候,酒照例准备了。菜是油炸豆腐、榨菜炒香干,童乃寿和江道义对饮起来。饮了一会,江道义将瓶塞子取下,嗅了嗅,说:"好了!"

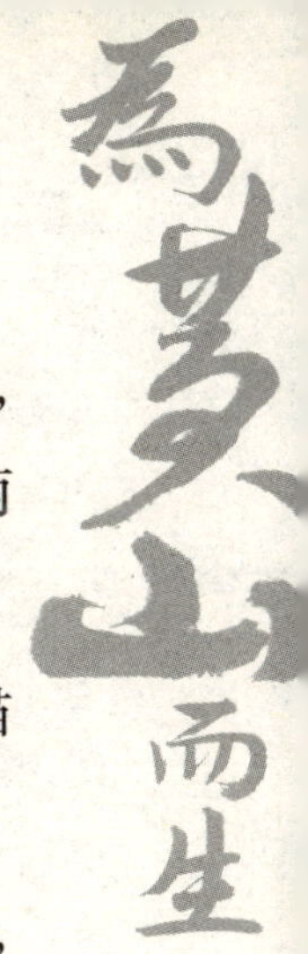

连水带肉倒满了一个大瓦钵。江道义喊他吃,童乃寿夹了一块,吃起来鲜嫩可口。江道义再喊他吃的时候,他说:“让孩子吃,我前两天学校还组织吃了一顿肉。”其实,他一个多月没尝肉味了。

江道义和他的妻子夹了几块后,他们的儿子把钵端到一边,像猫吃小鱼一般,津津有味地吃起来。

童乃寿随手摸起酒瓶子,晃了晃,没酒了,便对着嘴倒举了起来,让最后几滴酒流进嘴里,啧啧地叹道:“好酒!”

江道义笑了笑:“下次托人为你这酒仙多准备些酒。”

结　婚

在我们怦然心动的情怀里
有一种感觉叫甜蜜
在我丰富的内心世界里
有一种情愫叫痴狂

1967 年 1 月 26 日，在上海夺权影响下，安徽的群众组织夺了省委的权，并出现了“夺权派”喊“1 · 26 夺权好得很”的“好派”，“反夺权派”则说“1 · 26 夺权好个屁”的“屁派”。

两派互相指责对方是“反革命”、“保皇派”，最后到了动刀、动枪的地步。针对安徽问题，中央采取了一些措施，但问题仍没有得到解决。而武斗不断升级，人们不敢外出，尤其是合肥、淮南、安庆、芜湖等地区，两派大规模武斗一触即发。

合肥两派武斗最终还是爆发了。事件影响到了合肥各大高校，也波及省手工业干校，不少学生参与到两派斗争中去。

虽然武斗平息了，但学校的课几乎没法上。

童乃寿倒也落个清净自在，他躲进小楼，把名家字画临摹个遍。

然而，一个消息传来，学校要停办。

“好端端一个学校，怎么能不办呢？”童乃寿急了，学校停办，许多

单位需要的财会人员谁来培养？40 多名教职工怎么办？

他找到张校长。张校长也无奈地告诉他，停办是省手工业管理局决定的。

童乃寿赶紧找局领导。局领导反问他：“学校给谁办？这年头谁来上课？不说我们学校，安大、工学院都没法上课呢，合肥师范、安徽农学院等大中专院校已经通知下迁太和、凤阳等地，中国科技大学都要迁出北京，国务院科教组组长刘西尧联系了河南、湖北、江西，人家都不愿意接受。”

童乃寿说道：“文化与科技，对一个地方而言有不可估量的促进作用。”

“眼下不是‘文化大革命’吗？你还谈文化。这事太大，不是我们讨论的。总之，学校是办不下去了，你们赶紧想办法，要么联系其他单位，要么回家种田。”

没有了工作，何去何从呢？回家种田？不，不能回去！要想画画，就得在合肥，这里有许多画友，可以暗中切磋技艺；有许多师长，可以悄悄讨教。

最后，合钢厂接纳了他。1958 年建成投产的合钢是安徽地方骨干钢铁企业。童乃寿画画的手要来操练机器，有着巨大的反差与不适，但他劝告自己，先这么干着、忍着，一切都是为了画画。钢铁厂自然要在时代潮流中开展系列政治活动。写政治标语，画奋战第一线的工农兵，这些宣传任务落在童乃寿身上。这些政治标语，他看着虽然不敢说什么，内心却是反感的！然而，又有什么办法？过去，因为一句话就可能丢了饭碗，童乃寿也只能谨慎地完成单位交代的任务。

一次，钢铁厂搞鼓舞士气的演出。童乃寿的二胡拉得好，是厂里乐队队长，厂领导要求他登台演奏。拉什么曲子呢？他想拉《二泉映月》，厂领导说，不行，太悲切，与我们昂扬奋进的时代风貌不符合。

“那就拉《赛马》，刚刚出来的新曲子。”

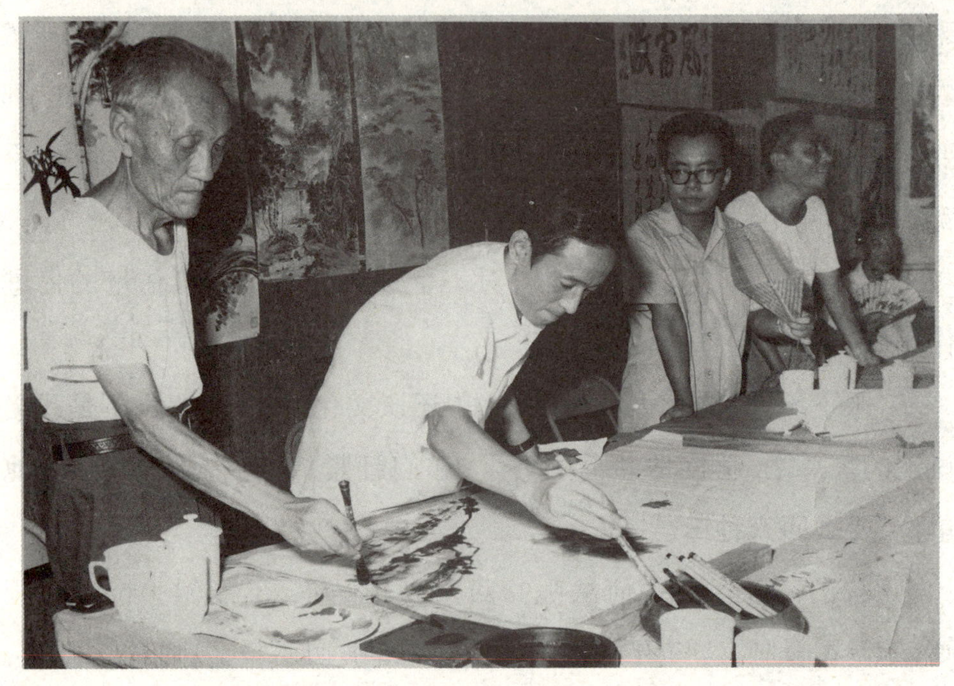

年轻时的童乃寿(左二)和老画家共同作画。

《赛马》是作曲家黄怀海在1964年创作的。乐曲表现的是我国内蒙古人民在传统节日“那达慕”盛会上进行赛马比赛时的场景，一问世就成为响彻海内外的经典之作。

童乃寿在激扬的掌声中登上舞台，他琴弦一拉，现场立即鸦雀无声，都沉浸在骏马奔腾、纵横驰骋的旋律之中。透过琴声，大家感受到了草原的辽阔美丽和牧民们的喜悦心情。尤其是演奏到最后，童

乃寿全身心投入,奔马嘶鸣的音乐,让所有的人听得热血沸腾。

曲声戛然而止,掌声雷鸣般响起。

表演太成功了!合钢厂有个二胡高手的消息很快传了出去,童乃寿也感到很喜悦。此后,他更是年轻姑娘们谈论的对象。

有一天,他独自行走在路上,身后有几个女孩子,他听到了她们的议论:

“他的二胡拉得真好听!”

“听说,他的画画得更好呢!”

“他可谈对象了?”

“不知道,你去问问,去问问啊!”

童乃寿听到身后打趣和推搡的声音,接着,是一位女孩子的歌唱,歌声很好听——

正当梨花开遍了天涯
河上飘着柔曼的轻纱
喀秋莎站在峻峭的岸上
歌声好像明媚的春光
喀秋莎站在峻峭的岸上
歌声好像明媚的春光
……

童乃寿感到心在狂跳,不由自主地加快了步伐。

合肥市革委会成立了打击投机倒把办公室。自由市场被取缔,农民进城卖菜被视为自发的资本主义,城市居民出现吃菜难的现象。

没菜怎么下饭啊。童乃寿经常夜里回到柘皋老家,偷偷从乡邻们那买些菜,第二天天蒙蒙亮就出发回合肥,靠这样的方式让同事们有菜吃。

有一次,童乃寿被当成投机倒把分子抓了起来。厂领导出面找到打击投机倒把办公室,才把他放了出来。

放出来后,他还是回家。厂领导劝他:"你别再给抓起来了。"

"身正不怕影子歪,我不是投机倒把,怕什么呢?"童乃寿说。

童乃寿坚持回老家,还有一个目的:他与一个姑娘在谈恋爱。姑娘叫邹爱年,长着圆润脸庞,模样非常周正,浑身散发着健康的青春活力。她本是新中国成立前父亲童兴友做帮工的糕饼坊邹老板的女儿,虽然新中国成立后童兴友当上了干部,但两家还走动,保持着交情。

许多小伙子向邹家说亲,但邹爱年一见童乃寿,就喜欢上了他。在她的眼里,他忠厚可靠,还有一种文化人的气质。

寂静的乡间小路上,流萤闪闪,蛙声阵阵。

童乃寿与邹爱年在乡间小路漫步。

在神圣的爱情面前,童乃寿对未来满怀憧憬又很惶惑,自己一双画画的手,能给这个美丽女孩一个幸福未来吗?

“我现在不是老师了,在钢铁厂里。”他说道。

“我喜欢的是你这个人,不是你的工作!”她回答。

“我不知道能不能给你幸福。”

“我也有一双手,我能干活,只要你在城里别忘了我。牛郎织女一个挑水一个织布,我俩一个画画一个生产,日子一样幸福。”

这句话直触童乃寿最柔软的心坎,他紧紧把女孩搂在怀中,激动地她耳畔说道:“我会用一生的努力,给你一个幸福未来!”

厂里领导知道童乃寿与乡下女孩恋爱了,劝道:“乃寿,你糊涂,撇开你当过老师不说,多少是个工人画家吧?娶个乡下姑娘,知道麻烦在哪?”

童乃寿憨厚一笑:“没想。”

“没想?我为你掰掰指头。这一,你们两地分居,过的是牛郎织女的生活。”

“她说不怕牛郎织女的生活。”

“这二,她是农村户口,你们俩有距离。”

“我们两家有交往,知根知底,彼此相爱。没有心里距离,这是最难得的。”

“就算你们能克服困难。这三,也该为小孩子着想,她是农村人,小孩子一出生也是农村人,进城很难啊。”

“农村没什么不好的,许多人都是从农村走出来的。农村人质朴、淳厚,对待感情忠贞,肯吃苦。”

“乃寿,看来这爱情之箭已深入你的心窝了,算了,我也不掰指头,掰也白掰。爱情里的男女都是疯子,这话谁说的?不管谁说的,反正你是爱定这个乡村姑娘了?”

童乃寿点点头。

这一年,他与邹爱年结婚了。

20 世纪 70 年代,童乃寿和夫人邹爱年合影。

懒悟圆寂

佛国不是天堂

但,肯定没有灾难

圣洁花间　有翰墨清香

婚后的童乃寿,日子清苦,但很甜蜜。

老家一座寺庙拆了,要挑砖瓦到镇里建设大礼堂。

邹爱年也要送砖瓦去柘皋。几十斤东西来回不容易,童乃寿心痛,要帮她。

“你不是说人要有担当吗? 这是我的活,我干。你把你的活干好,把你的画画好。”

妻子一行人刚出门,童乃寿想起了明教寺,想起了懒悟师父。他过得怎样呢? 他急忙往合肥赶去。

“懒师父在干什么呢? 今天是初一,和尚、尼姑、男女居士都在明教寺念佛讲经,举行‘佛七’。懒师父是不是和过去一样在讲经,还是在作画?”童乃寿想着,来到明教寺。

过去,明教寺周围是卖香火和各种小吃的摊贩,现在冷冷静静的。政治运动也波及这宁静的千年古寺。

一种莫名的不祥之感在心中油然而生。童乃寿走了进去,只见里面一片狼藉。顺眼望去,藏经楼断壁残垣,显然经历了大火的浩劫。

一个和尚走过来。他询问:“藏经楼遭了火?”

“遭了,破‘四旧’,小将们冲进来,一把火烧了。”

“那里面的经书呢,懒师父说他很喜欢里面的经书啊。”

“烧啦,包括1935年秋段祺瑞赠送的那部珍贵经书,都烧了。”

“字画呢? 藏经楼里还有许多字画啊。”

“烧了,都烧了。”

“懒师父呢?”

小和尚看了看四周,小声说:“懒师父被打倒了,听说被赶去了月潭庵。”

童乃寿立即朝月潭庵奔去。

月潭庵在合肥算是有名气的。它始建于唐代,初建时位于城之郊野,茂林修竹,芳草萋萋,清波潋滟,人迹罕至。后来,随着安徽黄梅戏剧团的组建,这条叫桐城路的地段逐渐繁华,庵内香火也一度旺盛。但随后,原本规模较大的月潭庵逐渐遭到破坏,仅存砖木结构的平瓦房三十余间。

门上有幅楹联:月光皎洁禅心寂,潭影澄清色相空。童乃寿觉得很有意境,但也没太多时间去把玩,径直去找懒师父。

月潭庵内失去了往日的香火,各色僧尼在此入住,一片杂乱。懒悟躺在一张破床上,原本瘦长的他,显得更瘦了。看到童乃寿,懒悟的眼睛动了动,支撑着要立起来。

“懒师父,别动,我看你来了。”看到往日精神矍铄如今却难以起

身的懒悟，童乃寿一阵心酸，小心地喂他喝水。

“没想到，真没想到。我现在再也画不动画了。我，我是真的理解你老师童雪鸿为什么纵身一跳啊，他真是绿珠。绿珠，知道吗？”

“她是西晋石崇宠妾，长得美貌绝伦，石崇被免职后，依附于赵王司马伦的孙秀暗慕绿珠，便派人向石崇索取绿珠。石崇不肯，赵王司马伦派兵杀他，绿珠得知，在石崇面前坠楼而死。后人赞颂她的气节，杜牧喟叹说‘繁华事散逐香尘，流水无情草自春；日暮东风怨啼鸟，落花犹似坠楼人’。师父用绿珠比喻童老师，是贴切的，他们都是宁死不屈！”

“你真是理解我的，我如果好了，一定要收你为徒，可惜，不行了，我知道，自己不行了。”

“懒师父，你不会有事的。”童乃寿劝慰道，“你一定要坚持，我要向你学习山水呢。”

懒悟摆摆头：“没用的，我也绝望了，可惜我收藏的那些字画，那才是我的生命啊，可是，可是被他们一把火烧了，烧了！”

一直到夜幕降临，童乃寿才依依不舍地离去。

几天后，一代画僧懒悟圆寂了，享年67岁。1982年，安徽省及合肥市有关单位将他的骨灰移葬九华山，修墓树碑，著名书法家葛介屏为他撰写墓志。

与懒悟友谊笃厚的林散之曾经作诗赠送：

云树年年别，

交游淡更成。

人间懒和尚，
天外瘦书生。
好纸何妨旧，
颓毫更有情。
平生任疏略，
墨里悟空明。

他去世后，著名书法家、诗人刘夜峰也赋诗感叹：“傲骨方心种祸胎，月潭圆寂事堪哀。人心到此能无愧，死后方知大雅才。”

继2008年底在合肥举办“八老”书画展之后，2009年、2011年，人们又单独在安庆、合肥为懒悟举办画展。越来越多的人对懒悟那笔墨古幽绝俗、笔致清润浑厚的画作钦仰不已。

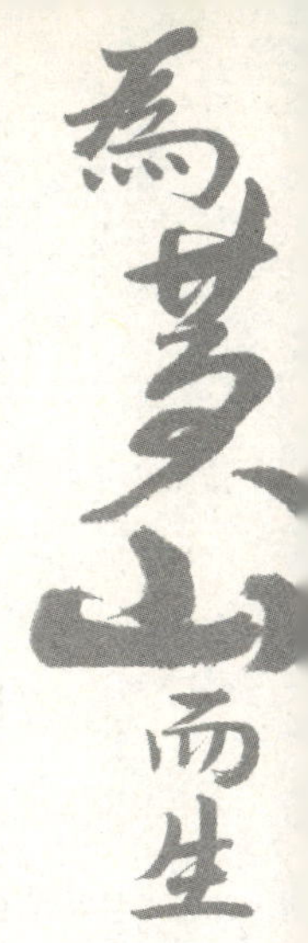

失　画

丢了　丢了
丢了友情见证
丢了师生情深
从岁月深处拾起
唯有沉沉怀念

时代风云越来越严峻。

这一日，稍稍暖和，能感受到春天的气息。童乃寿想去合肥西郊的大蜀山写生。路途上，他看到许多人聚在一起，凑过去一看，是西市区在对二十几位破坏上山下乡的“阶级敌人”进行斗争。

处处都在进行毛主席语录比赛，干部下乡，小学里红小兵活动也是一浪高过一浪，合肥市各区县的革委会也在召开千名红小兵代表大会，号召要站好岗，放好哨，警惕阶级敌人破坏革命。

钢铁厂是国家重视的钢铁冶炼项目，革命运动更是紧随时代。工人们也是热火朝天地炼钢铁。童乃寿内心痛苦的是，没有自己的时间去画画。

有一天，他去上厕所。回来时，大家都神色紧张地往他的车间跑去，进去一看，与自己一起干活的一个工人被机械轧死了，血肉模糊的场景让他惊悸不已。

“不能再待在钢铁厂了!”他告诉自己。

随后,他自愿申请到合肥纸箱厂工作,管理纸张。一是清闲,有自己画画的时间;二是一些废旧的纸张可以用来画画。

这年的下半年,童乃寿又恢复到高密度的画画创作状态。他还经常把老师孔小瑜、童雪鸿等人的作品拿出来,临摩一遍又一遍。

一天,郭月波敲开了他的门,拿来几张山水画,对他说:“这是我临摹的,你看咋样?”

童乃寿在手工业干校的时候,郭月波在手工业局下属油漆厂工作,是一个系统的老朋友。童乃寿看了看画,说道:“你下过不少功夫啊!”

“偷偷临摹过几年,我也是从小就喜欢画画啊。”

“山峦的渲染、笔力上还要下功夫。”童乃寿直言。

“你看,可有画画潜力?”

“当然有啊。”

“那好,我今天来是拜师的,拜你为师!”郭月波一脸诚恳。

望着只比自己小4岁的郭月波,童乃寿笑了:“我还在学习呢,你想画山水,我给你介绍老师,张建中、裴家同都可以的。”

“我与你是老朋友,就随你学。再说,这年头,谁敢画山水,谁敢收弟子啊?我与你性格相投,能学真本领,把你本领学会了,那还了得?”

当天,郭月波买来一瓶老白干,几道小菜,就算是正式拜童乃寿为师了。28岁的童乃寿收了一个24岁的弟子。

又一天，童乃寿正在观赏老师童雪鸿的一幅画，听到咚咚的敲门声，他赶紧把画卷起来，藏到床底下，打开门一看，是好友江道义。

“你怎么有时间来我这？”好久不见了，童乃寿很高兴地问。

“学校不上课，来看看你。”

聊了一阵子，江道义说：“现在拉上台批斗的一批又一批，你还是别画画吧。”

“不画画我干什么呢？我这双手只会画画。”

“哎，也是的，看你的手指，比女人手指还纤细，天生画画的手。你想画，就画人物画啊，画参加革命建设，画阶级斗争的画。”

“我不会凑这个热闹，我只喜爱山水画。”

“你啊，犟！小心有人整你。”江道义将头凑在他耳畔，神色紧张地说。

童乃寿内心涌起一股寒意，虽然他全部心思用在画画上，很少去关心政治，但他感受到了一种可怕的阴霾。

随后，他听说有人在告发他，说他天天关起门来画反动的画、画黑画。童乃寿内心到很害怕，一旦被批斗了，家人会受牵连的，不但不能画，连自己收留的老师们的作品都会暴露。尤其是童雪鸿老师，他可是被造反派批斗的人，要是被人发现藏有他的作品，结果会是怎样呢？童乃寿不敢想。

他决定外出躲一躲，便以妻子邹爱年怀孕要照顾的理由回老家，过完年再回来。

临行前，童乃寿把老师们给的画卷在一起，童雪鸿有 12 张、孔小瑜有 8 张，还有懒悟、张君逸、萧龙士、王石岑、梅华等人的作品，一共 20 多张。他小心地用报纸包好，来到江道义家，请他代为保管。

江道义一口答应了。他的妻子很担心："这万一被发现，抄出来了，我们怎么办？"

"能抄我们？祖宗几十代都是贫下中农，没事的。乃寿这点小忙，不能帮，那还叫朋友？"

童乃寿非常感激地把画交给他。

他没想到，当他回来后去要画的时候，江道义很愧疚地说烧了，因为红小兵闹革命，抄了几个老师的家，他们夫妻俩害怕，半夜里悄悄烧了。

那一刻，童乃寿的心如万箭穿过，欲哭无泪。那些画，凝聚了老师对他的一片深情啊。尤其是童雪鸿老师，是他把自己一步一步引进绘画世界，他已经远去，自己再也无法看他作画，无法听他的谆谆教诲。

童乃寿的心在滴血。

江道义说："乃寿，你要理解我啊！"

"理解，我只恨这荒唐的年代！"童乃寿哽咽着。

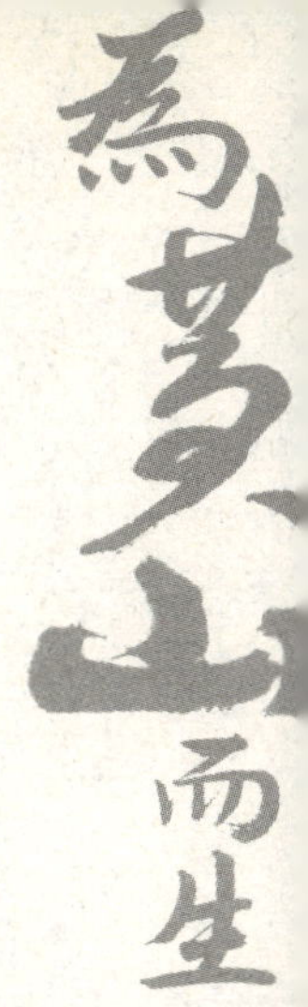

画画？剃头？

辛酸岁月心酸事

心酸人儿心酸情

另一个消息传来，老师张君逸也被批斗而死。

心彻底寒了！童乃寿朝着歙县方向深情一跪，赶紧收拾东西回到老家。

到家时，已经是黄昏。地气和着炊烟，从四处升起。

看到丈夫回家，邹爱年满怀高兴，可是，看他瘦得皮包骨头，心中一阵难受，说道："人家羡慕我，有人还以为你在省城的干部学校当老师呢，谁知你混得这么落魄，这几天，你也别出门。"

"干什么？"

"我天天打鸡蛋给你吃，脸上有了水色再出去。"邹爱年说完，从鸡窝里掏出两个鸡蛋，下了一碗鸡蛋面条给他。

童乃寿舍不得吃，说道："你怀孕，需要营养，还是你吃。"

"你快吃，家里养了几只鸡，鸡蛋有。"

晚上，邹爱年拿出一条围巾，这是她没事的时候悄悄织的，围在丈夫的脖子上，人立即显得精神多了。

"暖和吗？"

“暖和,暖到心窝里了。”童乃寿打趣地说。

“听到了吧,别出门,喂白了胖了再出去!”邹爱年娇嗔地强调。

“不出门,倒不是怕人家笑话我混得不好,还是因为合肥有人说我画反动的画,要整我,我躲回家呢,不让人家知道。”

第二天,童乃寿不出门,躲在家里看书。可是,姨妹带着已经订婚的男友杜仁春来了。

童乃寿不得不硬着头皮出来见客。

“姐夫,你在城里工作的人,怎么过得这么面黄肌瘦的,还不如我们农村人呢。”姨妹问道。

“你姐夫埋头画画,工资一部分寄回来,一部分买笔和纸,怎不瘦?”

“你们干部学校可还招学生?有人托我打听呢。”姨妹继续问。

“学校不办了,倒了。”童乃寿说,“我进了纸箱厂。”

“啊,做工人了?你这手,比我们女人手还细还长,怎么做工人?”

邹爱年急忙打断妹妹的话,告诉她:“出去别瞎说,让人笑话死。”

“姐,你是怕那些没娶上你的人笑话吧?”妹妹打趣道。

邹爱年不搭理,继续说:“你姐夫要是真的一心一意做工人倒也好,工人多好啊,多少人羡慕呢,他就是放不下画画。白天上班,晚上画画,身子怎么不垮?”

“姐,这有什么呢,干脆,让姐夫跟我剃头。画什么画呢,那玩意又不能吃,换不来一粒米、几滴油呢。”杜仁春说道。

“这还真行。”邹爱年说道,“乃寿,你今年就别去了,就在家里跟仁春剃头,学一门手艺。”

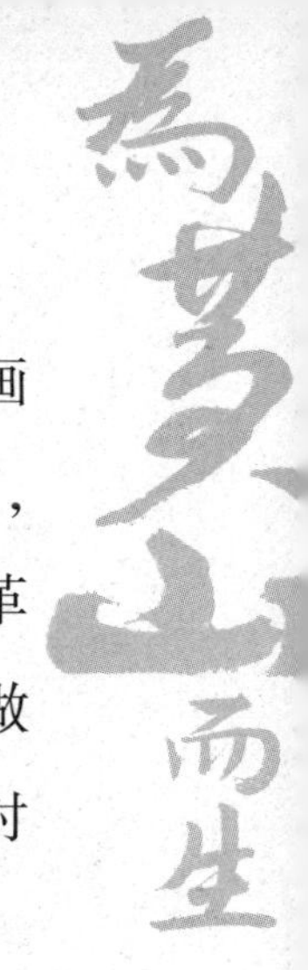

童乃寿又气又急，哭笑不得。可是，他内心也在询问自己，画画的出路在哪呢？懒悟师父、童雪鸿老师、张君逸老师，毕生追求画画，艺术成就都是了得，结果呢？都是落个凄凉结局。眼下都在进行革命，许多人吃都吃不饱，更别说买画了。然而，放下不干，童乃寿又做不到，一天不画画，心中就觉得失去了什么，更别说彻底放弃。便对妻子说道："再画一年，明年还是这样，我就随仁春去剃头！"

然而，第二年他回来，还是一样的瘦，还是妻子不让他出门，喂几天鸡蛋，脸色滋润了才到村子里转转。妹婿杜仁春还是心疼他，劝他剃头。他还是说再画一年。

离过年还有几天，在家里憋着难受，童乃寿想，不如到附近写生几天再回来过年。

附近有个浮槎山，人们称它是"北九华"，为大别山余脉，山势层峦叠翠，逶迤相连。山上怪石峥嵘，松柏挺秀，云雾缭绕，景色奇丽。顶峰有清白二泉并悬，不管是大雨倾盆，还是干旱数月，水位稳定，宋代大文学家欧阳修誉之为"天下第七泉"。童乃寿准备去那里写生。

邹爱年说："不行，那里会遇到熟人。"

那就远一点，去马鞍山采石矶。第二天，鸡鸣头遍，童乃寿就爬了起来，去采石矶。

采石矶在长江东岸，因其形状如蜗牛，又名牛渚矶。它和岳阳城陵矶、南京燕子矶，合称"长江三矶"。山势险峻，风光绮丽，加之有李白投江捞月的传说，更增加了一份诗情画意。

童乃寿很喜欢这里的景色。他速写着葱茏的山、江中的船。为

1969 年，在马鞍山采石矶写生的童乃寿。

了画好三元洞，他从蛾眉亭西侧沿石阶盘旋而下。进入洞内再拾级而上，从窗口眺望，远处烟波浩渺，水天一色；近处江水回旋，汹涌澎湃。

江风习习，渔歌袅袅。傍晚时分，细碎的阳光金霞般铺洒在江面，偶有鸥鸟飞过，船帆疾驰。

“祖国山河真是太美，把它画下来多好啊！怎么说是画反动的画呢？”童乃寿一面画一面询问自己。

第五章　造化自然

首上黄山

只是一个回眸

便定了三生情缘

历史的车轮缓慢驶进 1970 年,社会上对文化艺术的批斗有所缓和。

1970 年,童乃寿(右)与老师孔小瑜在合肥饭店作画。

夏天,童乃寿随孔小瑜、徐子鹤、张建中在合肥饭店作画。历经几年的沉寂,大家在此集体作画,唏嘘不已。

童乃寿画了一幅山水,张建走开了过来,说道:“乃寿,你这几年进步飞跃啊。”

孔小瑜说道:“乃寿这几年都在偷偷画画,传统功底相当深厚,你看,他的云染得与徐子鹤没差别了。”

“他有段时间天天看我染云,彻底学去了。”徐子鹤笑道。

“下一步,要师法自然,形成自家风貌。”孔小瑜告诉童乃寿。

终于积攒了一些钱,童乃寿决定上黄山。这是十几年来藏在他心头的夙愿。

来到黄山脚下,童乃寿心情是无比地激动。他一步步向山上攀去,如同朝圣。

黄山真是太美!比想象中更美,更入画。他走一步,画一步。尤其是云层,变化莫测,无比神奇!风起云涌处,浩浩荡荡,惊涛拍岸;微风轻拂时,四方云幔,涓涓细流。童乃寿仔细地观察着,他想捕捉这些云层的神韵。

在黄山的几十天,童乃寿走遍了每一处山峰,白天写生、观察,晚上画画,不断实践,表达心中的感受。

一天,童乃寿随游客早起,去光明顶看日出。风呼呼地从耳边吹过,云海涌荡……东方的天空,一片绚丽,一轮红日喷薄而出,是那么鲜活,是那么生动,充满生命律动。

这情景长留在童乃寿的脑海里,他后来的许多黄山画作品里,都有红日的身影。他喜欢这种勃勃生机的律动。

从黄山回来,妻子生产了,是个男孩。

他幸福地告诉妻子:“我与黄山真是有缘,看一下山,就送我一个儿子。”他给孩子取名友志。

三年后的夏天,童乃寿再次登上黄山,在山上画了三个多月。下山时,二儿子友辅又出生了。

不久,全国美展在南京举办。孔小瑜一幅作品入展,童乃寿陪他一道去观展,后又去参观通车不久的南京长江大桥。

在去的大客车上,孔小瑜身边坐着一个青年,圆脸,明亮的眼睛。孔小瑜向童乃寿介绍:“这就是我家老二,孔仲起,现在在浙江美院留校当老师。”又向孔仲起介绍道,“童乃寿,我的得意弟子。”

孔仲起伸出手来,紧紧握住童乃寿的手,说道:“我从父亲那看过你的作品,了不得啊,没想到你这么年轻!”

“蹉跎岁月,32 岁了。”

“比我小 7 岁。你是安徽画坛的佼佼者啊。”

“你继承家学,更是了不得的。”童乃寿对孔仲起早就知道,他1955 年入学浙江美术学院中国画系,画的山水画雄健奔放、意境深远,尤其是善画云水波涛。

两人交谈甚欢,一致认为在传统的基础上,要以自然为师,在题材表现、技法探索上有自己的突破,才能成为一位立足画史的大家。

此后的岁月里,只要条件许可,童乃寿就上黄山,去徽州。画黄山松云,画徽州村落,画桃花潭的诗意与柔情。

童乃寿不愿意自己的创作受政治影响。大家都去画领袖人物博取政治资本,他不干。许多画家画粮食大丰收、毛竹大丰收以求发

1970 年，童乃寿在合肥红旗公社作画。

表，他也不去凑热闹。

1970 年，合肥红旗公社请他和贾德江去作画。贾德江是从合肥师范学校毕业的，在安徽美术出版社做美术编辑，擅长连环画、绘画人物。他们合作，童乃寿画劳动的大地，贾德江画劳动的人们。

贾德江后来去了北京，担任北京工艺美术出版社主编，还为童乃寿编辑出版过画册。

拜师皖南

永不满足　永不停息

路后还是路

双脚要踏出前程

1976 年 10 月 23 日安徽体育场上，一片喧腾。20 多万军民聚在一起，欢呼庆祝粉碎“四人帮”，随后举行了群众游行。

当游行的队伍经过楼下，正在作画的童乃寿以为又是发生什么政治运动，赶紧收起画笔，这时听到楼下有人喊：“打倒‘四人帮’了，‘文化大革命’结束了！”

“‘文化大革命’结束了？”想起死去的老师童雪鸿和懒悟师父，想起“文革”中遭受苦难的画家们，童乃寿赶紧冲进人群，一起呼喊。喊着喊着，他眼中噙着泪花，那是激动、是欣慰、是莫名的酸楚！

接下来的几个月，是一个个让人心灵澄澈的日子，合肥电信局准备开通电报传真，骆岗机场开始建设，种种迹象表明：春天即将来临。

文化事业逐步走向正常，第二年，安徽省新闻出版局组织书画家去皖南写生。人员主要是由从安徽日报社调到新闻出版局的张建中发起邀请，不仅有本省名家裴家同、童乃寿等人，还从省外邀请到了方济众和应野平。

已经54岁的方济众是陕西人，师从赵望云，擅长山水、花鸟，作品取材于西北农村、牧区风光，注重自然性灵，将现实生活导入田园诗情化的艺术感受之中，为长安画派代表画家之一，后来担任陕西美协副主席、陕西省国画院院长。

1977年，方济众赠童乃寿留念的作品。

应野平已经有67岁了，大家称呼他为应老。1949年前，他曾任新华艺术专科学校教授，现在是上海美专教授。他的作品既得南派山水的秀润、清隽，又具北派山水的厚重、滋实，并且是集诗、书、画于一炉。尤其是云层，渲染得有自家特色。

大家坐着车子上，一路说笑。进入皖南地，风景就美了起来，童乃寿突然间不说话了，不时看着窗外，在本子上画起了速写。

“乃寿，你这种精神，真是可嘉！”同行的邵烬友是绩溪人，1956年考入安徽艺术学校，算起来是童乃寿学兄。1959年毕业后，邵烬友被担任省文化局文化报党代表的张建中要到文化报社。一年后，《文化报》下马，邵烬友在阜阳工作一段时间后，调到了安徽省群艺馆。他说道:“上了黄山,七十二峰够你画的。”

“都画过了。”童乃寿说道,“但黄山变化无穷,千姿百态,怎画得完? 画得好? 我还要多学习。”

“今天应老、济老都在,这可是两位大家,你拜他们为师。”

“应老、济老了得啊,可愿收我为徒?”

应野平说道:“乃寿本来师出名门啊,孔小瑜、童雪鸿、张君逸都是了不起的大画家,他的画很不错了。”

“看看,应老在夸奖你呢,愿意收你为徒,听出来了吧? 晚上看你的,多敬两位老师的酒,正式拜师,我们做见证人。”裴家同问道,“乃寿,你看可行?”

“你们是在成人之美啊,我求之不得。晚上,你们一杯,我两杯。”

当晚,他们入住在玉屏楼。晚餐时,菜不需要多,但酒是要有的。

童乃寿格外高兴,首先敬应野平和方济众,他五个手指间夹三杯酒,滴水不漏地倒进喉间,以这种方式,每位老师敬三次,不要菜,干喝。众人鼓掌,童乃寿趁机认真地问:“两位老师可愿意收我为徒?”

“愿意!”方济众笑道,“我以牧区风光为追求,你以黄山风光为追求,就怕教不了你什么。”

“追随您作品中的田园诗意。”

“那你这个弟子我认了。”方济众说道。

“应老呢? 您可愿意收我为徒?”

“酒也喝过了,不就是收了吗,喜得良徒啊!”

“好,我来给两位老师行跪拜礼!”童乃寿将酒杯放在桌子上,要下跪行礼。

20 世纪 70 年代的童乃寿酷爱饮酒。

“那是封建时代的做法,咱不提倡!”方济众赶紧伸手拦止,童乃寿已经跪倒在地,实实在在地磕了三个响头。

应野平也很有歉意,说道:“乃寿,其实你拜师是谦虚,你的笔墨功底扎实,已具备大家气象了。”

接下来,童乃寿轮流敬了一圈,别人一盅,他两盅。

“乃寿,虽说你外号‘酒仙’,可也别喝多了。”应野平提醒道。

“乃寿今晚高兴,不会多的。”裴家同说,“这次写生,肯定是他的收获最大。”

“乃寿酒量大,喝酒难不了你。”张建中说,“你还会写诗,此情此景,能不能吟一首?”

童乃寿笑了:“作诗并不难,作好诗难。”

“曹子建七步成诗,你对景一绝吧!”

童乃寿想了想,说:“酒壮英雄胆,对景一绝不敢,我就诌两句!”说罢,吟了起来——

童乃寿在黄山狮林精舍写生稿。

醉眼窗外清影横，
挥洒丹青写春秋。

“好诗句啊，有豪情壮志嘛！”大家纷纷鼓掌。

“乃寿聪明，才思敏捷！”应野平感叹。

“乃寿，你来一首黄山胜景的诗，完整的诗。”有人提议。

“我在散花坞写生时曾构思了一首诗，大家指正。”童乃寿略一沉思，又朗声吟诵起来——

数上黄山看烟霞，
深山古道有人家。

神仙不食人间火，
散花坞中笔生花。

乘着酒兴，大家相互切磋，作起画来。童乃寿当晚与两位老师合作了一幅作品，有山有石，有花卉。画好了，应野平题诗一首。

第二天一早醒来，童乃寿想起晚上与两位老师合作的画，急忙去取，却不见了。这里的工作人员与其他地方就是不一样，都懂得爱画，与那些将黄宾虹等大家作品糊墙的行为相比，这是多好的事啊！童乃寿内心反而高兴。

1977 年，应野平赠童乃寿的作品。

偶遇刘旦宅

谁说贫穷可怕?
它让庸夫垮下
让志者崛起

一天傍晚,童乃寿与应野平在狮子峰侧的清凉台写生。暮色渐沉,远处,黑压压的山头上环绕着似烟似云的雾气,浓淡相宜。

"结庐在此,携三两好友,吟诗饮酒,倾听天籁之音,这就是梦里家园。搞艺术,就是要传达这样的感受,让观赏者心灵共鸣。所以,画家笔下的山水,是心灵提炼过的山水,而不是眼前实景,否则就是照相机拍照。"

"我理解了,这就是齐白石追求'妙在似与不似之间'。我们画黄山,就是要用笔墨去体现出超越时空的生命精神,表达一种精神上的黄山。"

"是这样的,黄山还是这个黄山,但它的奇松怪石、它的云雾缭绕给每个画家的感受是不同的。我们追求的是用自己的笔墨语言来表达自己的内心世界。"

师徒正在论道,一个人从暮色中走了过来。应野平看了看,喊了起来:"旦宅,刘旦宅!"

“应野平！”刘旦宅应着，同老朋友拥抱起来，“你还好吧？好久不见了。”

“我还好，没受什么大冲击。你晚上住哪？”应野平问刘旦宅。

“天黑了，就这北海凑合。”刘旦宅望望四周，“我们回去吧，再晚看不见路，危险。”

“我们也就近住下，晚上好好聊聊。”

刘旦宅与应野平同在上海美术出版社工作过，又同是上海中国画院画师，早在1957年两人就共同创作过历史人物题材。1962年两人合作的年画《柳欢花笑贵宾来》，描绘的是五洲宾客畅游西湖的美景，其中人物部分由刘旦宅绘就，远水近树为应野平写成，当年由上海人民美术出版社出版后，走进了千家万户。

好友相见，分外高兴。当晚，几盘小菜，把酒叙旧。

刘旦宅问童乃寿对黄山可熟悉。童乃寿笑着回答：“黄山我来过几次，每次一待就是几个月，这里的千山万壑我都熟悉。你放心，我为你做向导。”

“那好，这里太美了，我想把每座峰峦都画遍。”

酒席间，应野平敬刘旦宅酒，说道：“对不起啊，我的一个建议让你受委屈了。”

“唉，我算什么，多少大家，包括潘天寿先生，遭遇比我惨多了，心寒啊。”

聊起了潘天寿。童乃寿说：“十几年前，潘老要上黄山，问我可能带路，那时我太穷，黄山都上不起，哪能带路啊。”

“潘老是再也来不了黄山了。”刘旦宅告诉童乃寿，“‘文革’之

童乃寿黄山松写生稿

初,他就被打倒,关进牛棚监禁,带到嵊县接受批斗。1969 年初,他被押往家乡宁海县等地游斗,回杭州途中在一张香烟壳纸背面写下最后诗句‘莫此笼縶狭,心如天地宽。是非在罗织,自古有沉冤’。4 月,重病中的他被押往工厂劳动,心力衰竭,卧床不起,得不到及时治疗。1971 年 5 月,宣布他为“反动学术权威”,他愤慨至极,几个月后,在冷寂黑暗中与世长辞。”

“一代画家,如此结局,令人心寒啊!”童乃寿听得唏嘘不已,想起老师童雪鸿、张君逸的遭遇,他更是心伤。

第二天,童乃寿陪刘旦宅来到黄山茶林场。

这是单位分给刘旦宅的任务,要他在这里体验生活,创作《李时珍》连环画。这个茶林场在黄山脚下,隶属上海。说是体验,实际上是要参加劳动。

刘旦宅干了一会活,趁隙坐下来素描黄山,边绘边说:“我第一次来黄山是在 1952 年 5 月,还没结婚,那时在顾颉刚任总编的大中国图书局工作。有一次我看了张大千画的黄山，青绿色山石、飞瀑流泉，有如仙境，于是跑到黄山来，才发现黄山的石头是褐色不是绿色。但是，黄山真的很美。经过翡翠潭时，那水太清澈了，真是人间瑶池啊，我跳了下去，寒透肌骨啊！可是，下去了却上不去了，潭壁太滑，最后请人用竹竿拽了上去。”

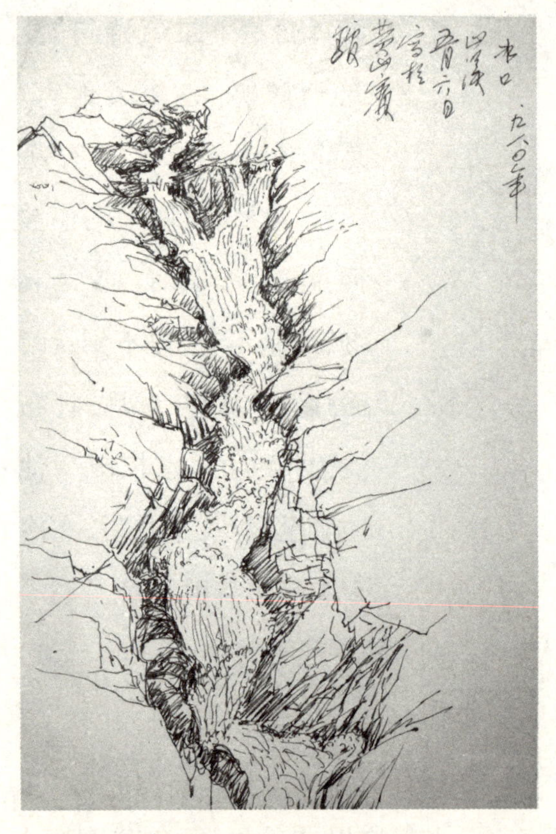

1980 年，童乃寿在黄山宾馆写生稿。

“画《李时珍》怎么想到来黄山写生？因为景致很美？”童乃寿问。

“你看到了，就是要我劳动啊。‘文革’时，我画了《长恨歌》《琵琶行》《洛神赋》。你老师应野平建议将《琵琶行》题为‘此时无声胜有声’。这三幅画让一个叫徐百清的人拿去了，他也是温州人。我担心出事，找他要画，他说烧了，结果呢，没烧，送到我工作的上海人民美术出版社，这成了造反派批斗我的‘罪证’，说‘此时无声胜有声’是悄然抗议，于是我被关入监狱。这次是要我画《李时珍》连环画，才把我放出来。久在樊笼里，复得返自然啊！”

童乃寿看了刘旦宅的《李时珍》部分画稿，与他以前的人物画风格不同，是用国画笔墨去画，嬉戏着的羔羊、面带稚气的村童、奔驰着的猎狗，以及飞瀑倾泻、溪水淙淙……一幅幅清旷幽奇、自然真实的山野美景，给人身临其境之感。人物的一举一动、一笑一颦全然源于生活，自然生动，有灵性，有气韵。

闲暇时，两人一起聊天，聊过去的事。刘旦宅告诉童乃寿，他出生在一个贫穷家庭，父母很早去世，家中有一个姐姐和两个哥哥，因为喜欢画画，没有笔墨，只能用清水或用粉笔在地上画。对一个艺术家而言，贫穷与不幸，恰恰是考验、是财富。

说起李时珍，刘旦宅笑道："我画他，还真是有一段缘。我学过中医，那时，我刚读完初一，由于生活所迫，不得不放弃学业跟一位姓徐的老中医学医。面对难懂的医书，尤其是厚重的《本草纲目》，背诵起来更难。我恨死了这个叫作李时珍的古代老头，于是，便画了一幅他的丑陋的肖像。老师把我批评了一顿，但也因此培养我的画艺。医学没多大长进，画艺却是节节攀升，就到了大上海。"

刘旦宅很迷恋黄山美景。好在他能以体验李时珍采药艰辛为由，经常上山和走访山下人家。这一天，他与童乃寿约定，带自己游览黄山诸峰，游览玉屏楼，登天都峰、莲花峰。遇到好的景致，刘旦宅就一句话也不说，用手指在空中画着，仿佛手中有笔墨，眼前有素纸。

刚下白鹅岭，刘旦宅遇到了儿子刘天畤，原来他是与同学一起来黄山写生作画。父子在这里见面，格外高兴，便在黑虎松前留影。

刘天畤要回上海，刘旦宅不放心，但他不能轻易离开。便委托童乃寿送刘天畤到屯溪。童乃寿把他送上去上海的车，才返回黄山。

雨 中 作 诗

说我痴　说我狂
骨子里的爱
怎一个痴狂堪形容?

一天傍晚,雨下得很大。

大家都回了宾馆,只是不见童乃寿。

等了等,还不见他回来。应野平急了,问大家:“雨天路滑,乃寿不会有什么事吧?”

裴家同忙说道:“他矫健得很,不会的。只要没多喝酒,能像猴子一样爬山。”

虽然这么说,可大家心中还是很着急。应野平说:“开始我们还在一起,走着走着,他不见了,我去找找。”

“别别,您这么大年纪了,我们年轻人去找。”

大家一起出去寻找,结果发现童乃寿就在玉屏峰前的一块石头上静坐,手指在空中比划着。张建中不由分说,把他拉了回去。

到了宾馆,看看浑身淋水的童乃寿,手中的写生稿也已湿透。裴家同问道:“你一个人在那里静坐干什么?下雨天,写生也写不出来啊。”

“写诗，这文殊院一带，左天都，右莲花，背倚玉屏，四顾奇峰错列，众壑纵横，加之迎客松、蓬莱三岛在附近，怎能没有诗情？再说，应老、济老两位老师都强调山水画家，画好、字好、诗也要好。”

“你作诗也真不要命，小心一个雷把你劈死了。”众人感叹，旋即说道，“好诗给大家分享啊。”

看看自己身上还在淋水，童乃寿赶紧去换衣服，说道：“吃饭时读给你们听。”

童乃寿黄山曙光亭雨中写生稿

晚上吃饭时,童乃寿照样是别人一杯,他两杯地喝酒。

“你的诗呢,我们还要欣赏黄山雨给你的诗情!”张建中催促道。

“读诗,读诗,读完诗你再喝酒。”众人一起催起来。

童乃寿放下酒杯,捋了捋衣袖,抑扬顿挫地高声朗读起来:“越涧悬崖兴转豪,空山落日五峰高。青天何处来风雨,四月横飞八月涛。”朗诵到“涛”字的时候,他的手指高高竖起,声音也高到极致。

掌声雷动:“好诗,好诗,不过,现在是五月了,不是四月,是不是一场雨给淋糊涂了,把日子过回去了?”

童乃寿很认真地说:“艺术,允许夸张!”

“说得对,用五月就不符合格律,四月用得规范,在时间对比中突出,这是艺术手法!”应野平说道。

“怎样,老师再点评。还有一首,你们听好了。”童乃寿复又捋捋衣袖读了起来,“风雨迷离雾气浓,灵区妙境白云封;何以排忧唯痛饮,烂醉挥毫写乔松。”

“神了,自从拜师后,你的诗情大开!”大家纷纷说道,“你可以成个诗人了,黄山不仅滋养了李白、张冠卿、魏源这样的大诗人,还会养一个诗人童乃寿!”

“后一首是现场作的,‘排忧唯痛饮’,是你的真性情。”裴家同说。

童乃寿笑了,对裴家同竖起大拇指:“还是你了解我。”

大家兴致格外高,纷纷猜拳喝酒。童乃寿拳头不收回,立在那,五指随意变化,与他赌的纷纷败下来。

猜拳结束后。应野平和方济众回房休息去了,裴家同对童乃寿说道:“乃寿,应老的云画得那么好,那么灵动。你拜师也这么多天了,考考你怎样?"

"怎个考法?"童乃寿问。

"这简单,我和建中去应老房间,找他画幅小尺幅的云,拿出来让你临摹,明天让应老来分辨。"

"这对应老可尊重?"童乃寿有些担忧,"要不直接说明白。"

"这没什么,你画得好,应老会高兴的。"两人说着,径直去了应野平房间。

不一会儿,他们出来了,拿出了一幅云层图。

童乃寿一看,应老是长羊毫画的云。小小尺幅上,绘就了黄山云的神态,淡云缕缕,轻盈飘逸;浓云如海,奔涌如潮。

童乃寿一面赞叹,一面端详。然后挥毫画了起来,裴家同一看,说道:"我还真分不出哪幅是应老的哪幅是你的,看明天应老怎么说。"

第二天,早餐过后。大家聚在一起,准备分头出发写生。裴家同将两幅云层图拿出来,说道:"应老,哪幅是您画的?"

应野平仔细看了看,纸张也一样,说道:"好像都是我画的,咦,昨晚只画了一张啊,怎么两张?"看了看大家,"谁临摹了一张?"

"肯定有张是临摹的,您看是哪张?"

"还真看不出,肯定是乃寿,这几天他天天观摩我画云。"应野平笑了,"乃寿,悟性了得。"

后来,童乃寿在徐子鹤、应野平染云的技法基础上又进一步实践,长羊毫染云,千姿百态,气象万千,让人叹为观止。

这次写生期间,他们还遇上了著名书法家蔚天池、南京军区美术

1977 年，在皖南、皖西写生时，应野平赠童乃寿的作品。

创作组组长陈达、亚明弟子华拓以及后来担任南京画院院长的曹汶和后为中央美术学院教授的华其敏等人。在历经社会动荡后，一起在黄山写生、作画的感受是那么美好，大家在笔会间交流笔墨技艺，每个人都是那么谦虚，没有什么架子、地位之类世俗的东西，那种纯净的心态，一如黄山的云。

皖南写生整整一个多月，童乃寿饱览了众多名家作画，他的视野为之开阔。这次写生，他的创作也很丰富，画下了《新安人家》《新安江上》《白鹅岭》《屯溪》《途经西海》《黄山诸峰》等大量作品。

皖 西 写 生

大地上流淌的

是诗　是画

随后，童乃寿随应野平、方济众两位老师去皖西写生。他们画巍巍大别山，画涓涓溪流。他们还去了有“将军县”之誉的金寨县，画梅山水电站。

梅山水电站位于史河上游，坐落在金寨县县城南端。1956 年 4 月由我国自行设计建设完工，水库大坝当时被称为“世界第一高坝”。

五月的阳光，和煦而温暖地照耀着山山水水，满眼青翠，山花烂漫。

站在“世界第一高坝”上，童乃寿只觉得豪情万丈，他叹服自然山水与人力工程的融合，便向两位老师建议合作一幅《梅山水电站》。

梅山水电站宾馆负责人一听，赶紧请应野平、方济众合作。

方济众看了看童乃寿，说道：“你先构思一下，怎么个构图布局？”

“俯瞰法，表现梅山水电站全貌，画的左下角是葳蕤的树木，向上延伸的是山岭间水库，水流从大坝流出，流向远处，还要点缀卡车、人，具有现代气息。”

方济众笑了：“这个构思不错，就按你的布局去画。”

两位老师按这个构思创作了《梅山水电站》，画面开阔辽远，群山耸峙，林木高低起伏。山峦用笔细密，卡车及人小比例点缀，作品笔调平和静润，画面具有强烈的时代气象。

随后，大家合作的兴致非常高。5 月 25 日这天，张建中与方济众在水库宾馆合作了一幅画，远景为山水，近景为屋舍、树木。随行的安徽人民出版社副总编何超走了过来说："合作得好，意境悠远。"

张建中说道："你喜欢就送给你作纪念，待会再向你索画。"

"好的，你需要哪处风景，我再画。"何超说道。

何超也是一位画家，老家在广西，1941 年入延安鲁迅艺术学院美术系学习，担任过八路军太岳军区政治部宣传队美术组长，晋鲁豫军区《人民战士报》美术编辑。他的女儿何南燕毕业于中央美术学院国画系，作品以浓郁的民族气息见长。

这年暑期，童乃寿几乎没有外出。只要有时间，就在简陋的屋子里画画。皖南、皖西写生后，他脑中有许多山水构思，汇集成一股股潮水，激荡着他的胸怀，他不能不拿起笔来抒发。

房子狭小，太阳烤的像火笼一般。童乃寿就在床板上画画，画得大汗淋漓，受不了，就用凉水擦把脸。在屋子里时间一长，桶里水也不凉了，只得不停地换水。

这天，他正在画一幅佛子岭山水画，有人敲门。

"谁呀？"他随口问着，拉开门。

"我嘛，刘夜烽。"

这时的刘夜烽是安徽省文化局副局长，也是著名书法家。1920

1977 年，童乃寿作黄山诸峰写生(94×45cm)。

年出生的他，老家在江苏宝应，从小跟随父亲刘晓生学习诗词书法，1935 年入扬州国学专修学校读书，师从张毕父学篆书，师从薛青萍学诗词。书法上，他从欧阳询、苏轼开始，再上溯汉魏碑帖，后来专攻隶书，笔墨厚重，结体方正，雄强古拙中融秀润挺拔的韵致。

看看自己局促的房间，童乃寿有些激动和紧张，慌忙将正在画的纸张收起来，要将床铺好，请客人坐下。

“别别，我就是听人说你在这么艰苦的条件下，却把画画得很不错，特意来看看。”

刘夜烽这么一说，童乃寿心中很坦然，将画拿出来给他看。

“你是一个善于吸取百家之长的人，尤其可贵的是，字也写得好，中锋用笔，沉稳内敛，很有格调，受传统文化滋养。以书法入画，我很看重这一点，山水画家能做到这一点才能成为大家。”

翻到一幅腊梅图，这是童乃寿刚刚完成的，还没来得及题款。见画面笔力遒劲，格调高古，刘夜烽便为他题款一首诗：“腊尽报春回，

童乃寿黄山炼丹峰写生稿

虬枝坚似铁。生成战斗姿,欢喜漫天雪。”

“好诗,好字!”童乃寿感叹道。

实在太热,刘夜烽抓起一本书,扇了起来,说道:“对于一个年轻人而言,贫穷、困难不可怕,志向不能倒,毅力很重要!暂时的困难是考验,勇往直前,你前途不可估量!”

这话让童乃寿的内心流淌着一股清凉。

1977 年,刘夜烽题《腊梅》(134×60cm)。

师 生 论 艺

奋进的风帆

渴望彼岸

1978年春天,是一个充满活力和希望的季节。

这年的3月18日,全国科学大会在北京召开,6000多名科技工作者出席了会议,邓小平在会上提出了“科学技术是第一生产力”的论断,因而这一年被称为“科技的春天”。

一位朋友从大别山回来,带给童乃寿一盆野生兰花。明媚的阳光照在兰草上,摇曳多姿,童乃寿来了兴致,也挥毫画起来,但总感觉到缺少萧龙士老人的笔力和韵致。

他来到省文史馆宿舍萧老的家。

萧龙士老人正在画画,抬头一看是童乃寿,便放下手中笔,说道:“乃寿,你来啦。”

童乃寿说:“来请您画兰花。”

萧龙士很开心地笑了,拿出笔来要记下。那本子上,都是索画人的名单。

“我想观摩您画兰草。”

萧龙士一听,将桌上的一张画子收了起来,找出一张宣纸,用毛笔蘸了蘸墨，画了起来，边画边说，像是在教学生，也像是自言自语：“画兰草简单，也不简单，要有笔力，画出的面貌要老辣。有人画的兰草，很柔靡，那就没看头了。看，叶子不能平行，要有交叉。根要抱在一起……”童乃寿饶有兴致地默默看着老人家的用笔用墨。

画好后，老人家伸手拿杯子喝水，童乃寿赶紧拿起水瓶给他添水。老人喝了一口水，聊天一般说道：“中央在开会，提出‘科学技术是第一生产力’，好啊，科教兴国嘛，人们富裕了，我们画画的人就更有好条件画画。你们年轻，赶上好时代了，要好好努力。”

童乃寿正准备回去，碰上了另一位文史馆馆员胡苏明。已经55岁的胡苏明学生时代就积极参加革命运动，传播马克思主义思想。大革命失败后，奉命回家乡组建中共六安特区委员会并首任书记，因抵制中共安徽省临委“左”倾盲动错误，被撤销职务、开除党籍。1938年后，先后在六安中学、凤阳农校、黄山林校等处任教，他酷爱书法，尤以篆、隶著称，担任安徽省书法学会副会长，金石学会副会长。

胡苏明看着童乃寿一面走一面端详萧龙士的兰草图，便喊住了他：“乃寿，看萧老来了？”

“嗯，讨教画兰草呢。”

“萧老今年九十大寿，我们准备庆祝庆祝，怎么一个庆祝法？说说你的主意。”

“萧老都九十啦？”童乃寿感叹岁月流逝真快。不过，萧老精神那么好，真是让人高兴。他想了想，说道：“萧老德艺双馨，九十寿庆也不必搞什么花哨，就办个画展怎样？他老人家有那么多名家字画，也好让我们开开眼界。”

“王少石、周彬也是这么说的，还准备师生联展呢。我正准备去与老人家商量这事。”胡苏明说完走了，走几步又补充道，“回家好好看，边走边看，小心被人撞了。”

童乃寿笑了，将画卷了起来。

回到家，童乃寿一连画了好几张兰草图。第二天，他选出自己最满意的一张，来到老师孔小瑜家，请他评点。

孔小瑜看了看，说道：“很灵动，也很老辣啊！”

师生坐下来论道。

“偶尔画画兰草，练笔是可以的，但在这个题材上花太多精力没有必要。萧老已经把兰草画到极致了，兰草与他的名字连在一起，就像虾与齐白石的名字连在一起一样，后人难以超越，超越不了的话，是死路一条。我过去也画兰草，萧老画到这般了，我就回避这个题材，一是对萧老的敬重，二是在兰草上无法超越。童雪鸿也是，他过去也画兰，后来少了。”

童乃寿点头称是。

孔小瑜继续说道：“一个画家，开始路子要广，最后要有自己的题材领地，我就是努力在博古画上占领艺术最高点，你的山水画已经达到了一定高度，今后努力方向是进一步探索，吸取古人和当代大家的营养，最终以自然为师，在传统中探索出属于自己的面貌，画出你童家山水！”

“童家山水！”童乃寿默默咀嚼着老师鼓励的话语，内心很是激动。他觉得老师说得很对，他什么题材都擅长，但花卉博古上达到了极致，乃至于在上海时，他的博古画与张善孖的虎、熊松泉的狮并称。

“既要广泛汲取，又要有自己的面貌；既要有传统功底，又要有自己的感悟。”童乃寿在此后的岁月里带着这样的理念去学习与实践。

5月，合肥环城路上石榴花火红开放。

1977年，童乃寿黄山一线天写生稿。

葛介屏、胡苏明、黄叶村及60多位学生在逍遥津公园为萧龙士做九十大寿，展出了萧老40多件作品，还有刘海粟、潘天寿的赠送作品，此外还有关山月、秦愕生、王肇民、王子云等人的祝贺作品以及萧龙士和他的好友李可染、李苦禅、许麟庐等人的合作国画。

展览在合肥引起极大轰动，许多美术爱好者纷纷跑来观摩。这么多名家真迹，平时难得一见。

童乃寿自然不放过这个学习的机会。每一幅画都认认真真地观看，并且在纸上记着自己的感悟。陶天月看到了，感叹道：“乃寿，你这是甘当小学生啊！”

“唐代诗人罗隐不是说吗,‘不论平地与山尖，无限风光尽被占。采得百花成蜜后，为谁辛苦为谁甜?’”童乃寿笑着回答,“任何一个艺术家都有他自己的独特之处,都值得我去学习的。”

巢湖创作

清波流淌我的童年

流淌岁月的沧桑

那满湖鱼虾　是心动记忆

安徽凤阳县小岗村18位农民以“托孤”的方式，冒着极大的风险，在土地承包责任书上按下红手印，把土地承包到户，粮食当年自给还有了富余。

“小岗精神”迅速波及全国，拉开了中国农村土地改革的序幕。邹爱年和孩子在老家也分到了土地，她勤奋劳作，生活一天天好了起来。

1979年1月17日，《人民日报》刊登了读者来信：《为什么春节不放假》《让农民过个“安定年”》，呼唤春节回归。1980年，全国又恢复了春节休假制度。

童乃寿在腊月二十八赶到老家，妻子邹爱年已将家中过年的一切准备好，只等丈夫回来。

平时省吃俭用，加之有些单位请他作画给的创作费，童乃寿也有了些积蓄。他特意从合肥带回一些糖果给孩子们，长子友志快9岁，拿着糖果快乐地蹦跳着，手中拿着一杆木棍做的长枪跑出去找同伴，嘴中喊道:“缴枪不杀,冲啊!”比他小3岁的弟弟友辅跟在后面喊:“哥哥,等等我,冲啊!”

童乃寿看着两个孩子淘气的样子,说道:“这两个小家伙,顽皮,喜欢打打闹闹,怎么读好书?”

妻子回答道:“跟电影学的,村子里一群孩子整日打打杀杀的,满脑子是好人坏人。在他们眼里,不是好人就是坏人,看到陌生人也是问人家是好人还是坏人。”

“这样不行,太野!过完年教他们画画。”童乃寿说道。

这一年与过去悄悄过年真是不一样。贴春联、放鞭炮、烧头香、上寺庙这些习俗又恢复了,显得年味十足。

走完几家亲戚,已经过了正月初六。这天,友志又找出放在门后他的木长矛,准备出去找伙伴打闹。

“友志,过来,教你画画。友辅,你也来,看哥哥画。”童乃寿喊住两个孩子。

孩子们不情愿地来到桌子旁。童乃寿教兄弟俩画鱼,他握着友志的手,边画边讲解,孩子们心不在焉地画着。

门外有几个小伙伴在喊,友辅一听,跑了出去。

友志也急了,显得很不情愿在家。

“算了,逼你画没有用的,你玩去吧。”童乃寿放下笔,孩子立即跑开。

童乃寿坐在椅子上生闷气。喃喃自语:“这孩子在农村是真不行,野掉了。看人家孔家家风,孔小瑜老师父亲画画,他自己画画,他家老二在大学教画画,代代相传啊。”

妻子说道:“强扭的瓜不甜,孩子们有他们的兴趣,说不定今后出息大呢!”

“太野了,哪行?”童乃寿很担忧,“不爱学习是不行的。”

“还在过年呢,哪能要求孩子像你一样,全部心思都在画画上。几岁画起,画到现在都是快40岁的人,老婆孩子都养不好,还要我在农村干活养活一家人。”妻子打趣道。

“画画是艺术,追求一种境界,这不能以物质衡量,需要岁月的积淀,要毕生精力才能达到高度啊。我知道,这些年委屈你了,放心,总有一天会让你和孩子们过得好好的。”

邹爱年笑了:“嫁给你是我自己情愿的,我不怨你,干农活就干农活吧,你自己别太苦了自己就行,也不指望你画画能挣钱。过去人家吃都吃不饱,谁掏钱买画?现在生活好点吧,街上一看,人家在买画,几分钱一张。你说,你们画家还能靠什么去挣钱?我也不指望,也理解你们,就是一种爱好,一种追求!”

“街上卖的是年画,印刷品,那玩意能有多大价值?”

“不一样装点墙壁?”

“说得也是!”童乃寿一声叹息,他叹息的不是画能不能卖钱,萧龙士老人不是把画画当作纯粹的艺术追求而不索取钱财吗?他感叹自己人到中年了,还不能让家人生活得很好,一种文化人的无奈感油然而生。

接下来的几天,巢湖市文化局局长汪玉昆请他去局里画画,一起商量成立画院的事。

“成立画院是好事啊,现在各地都在重视文化建设,一个‘文革’

毁掉了多少艺术珍品啊!"童乃寿有信心地说,"巢湖山水美,自古是激发画家创作灵感的地方,石涛都画过巢湖。"

"画院成立时,要从合肥请一批画家来画画。到时候,麻烦你出面邀请几位。"

这年9月份,巢湖画院成立,李可染为画院题名。随后,童乃寿与萧龙士、梅纯一、张贞一、张建中等20多人来到巢湖,从事一个月的书画研讨活动。这一个多月,是最愉快的。大家一起画画,顿顿吃鲜美的巢湖鱼。偶尔,童乃寿还从文化局借上一辆自行车,踩回家看看老婆孩子。

对于善于学习借鉴的童乃寿而言,这又是一次切磋画艺的好机会。萧龙士和张建中是经常一起创作的,其他几位画家有人是第一次共同创作,他们都有自己的技法。

1930年考入国立南京中央大学艺术系的梅纯一,受教于吕凤子、徐悲鸿、张玉良、陈之佛等人,墨梅画得妙趣天成。1933年毕业于上海新华艺术专科教育的张贞一也是笔墨老到。

这期间,韩美林也来参加创作研讨了。他画画时,将宣纸全部打湿,然后在上面画小动物,利用宣纸润墨的特点,营造出毛茸茸的效果,隽永生动、情趣盎然。

童乃寿印象最深的不仅仅是韩美林在艺术上的探索,还有他在逆境中不堪屈辱、立志崛起的精神。他1963年从中央工艺美术学院分到安徽省轻工业厅美术室工作,第二年被下放到了淮南劳动,历尽艰辛。1979年,安徽省书画院成立,由安徽省文化局领导戴岳兼任院长,赖少其担任名誉院长,韩美林担任副院长。同时担任副院长的还有萧龙士、孔小瑜、王石岑、刘夜烽、徐子鹤等人。

后来，韩美林离开安徽去了北京。2008年，他领衔设计了奥运会吉祥物福娃，成为一位家喻户晓的艺术家。

有一天傍晚，童乃寿与张贞一在巢湖畔散步。落日映在湖中，一派恬静的风光。丹桂飘香，该是蟹肥时节了。童乃寿想起张贞一的一幅画，画作上方是一根横斜枫树干，金秋季节，枫叶纷呈，极富流美之态。四只熟透的螃蟹没有了横行的霸气，两只蟹螯滚落一旁。画作墨韵厚重，五彩斑斓。

谈着这幅画，张贞一说起创作背景："“四人帮”横行猖獗的年代，艺术界多么凄苦啊，陈大羽、许麟庐、李苦禅等人的画作都遭到不公正对待，许多画家不敢画画。你知道，李苦禅明明画了八片荷叶，一只翠鸟，有人胡说那画是诬蔑八个样板戏，是黑画。“四人帮”倒台的消息传出后，我无比高兴，乘兴画一幅丹青以记之，画了四只螃蟹，一只圆脐蟹，三只公蟹，指代“四人帮”，再画酒壶、酒杯以寓胜利的豪放。古今多少事，都付笑谈中啊！"

童乃寿默默地咀嚼着张贞一的话，心想，表现时代，记录社会变迁，不仅文学作品可以做到，美术作品同样也能做到啊。

1985年10月，张贞一去世的消息传来，童乃寿默默地半天不语。当晚，他借酒消愁，画了一幅秋菊图以表达怀念之情。

受伤写生

挺进在前行的路上

一如战士　奋不顾身

心中的梦想　鲜花璀璨

人们期待之中的新时代在十一届三中全会之后来临，犹如春风扑面，一场迅雷不及掩耳的思想解放迅速弥漫。

对知识分子而言，迎面而来的新时代让人无限兴奋，一种心灵解放的感受如春风浩荡，吹拂心头。文化艺术也在时代的春潮中复苏了。

这年，文化部邀请了一批画家赴北京参加全国中国画研究班，安徽画家郑伊农应邀在列。一批著名画家在京历时四个月，创作了大量作品。郑伊农还与朱屺瞻、吴作人、李可染等9位画家一起受到叶剑英接见。

郑伊农赴京，在安徽画坛引起了不小震动。在省政协组织书画交流活动后的晚宴上，有人说："这一次，郑伊农回来更是谁也入不了他的眼了。"

赖少其说："郑伊农入京并受到叶剑英委员长接见，这是安徽美术界的骄傲，更重要的是，历经十年浩劫后，文化、艺术又回到了应有的地位，受到国家的重视。同志们，美术大有希望，我们在座的各位，大有希望啊！”

童乃寿满怀信心投入创作。一天，他收到口信，让他去刚刚成立的安徽省书画院开会。原来，安徽省书画院决定向邻省的江苏书画院学习，组织画家外出写生。

1978 年，童乃寿作《谷雨露新颜》(61×32cm)。

江苏书画院成立得早，是继北京中国画院、上海书画研究院之后，全国最早成立的三大画院之一。画院自 1960 年正式成立以来，不但涌现出了吕凤子、陈之佛、林散之、钱松喦、费新我、傅抱石、武中奇、魏紫熙、宋文治、高马得、亚明等一批卓有成就的大家，他们还高高举起了金陵画派这一面旗帜。

这次会议是由戴岳组织，主要讨论安徽美术崛起的大话题，落实写生计划。戴岳首先通报了江苏书画院的情况。1953 年，中央美院和浙江美院两位有影响的人物提出中国画过时了，认为中国画不能为轰轰烈烈的新中国建设服务，批判的靶子就是新安画派的代表人物黄宾虹。他们主张应该用“彩墨画”来替代水墨国画。江苏书画院在这样的背景下成立了，时任江苏省省委书记的江渭清找到亚明，让他组织江苏画家，解决中国画反映现实的问题。

亚明对画坛上关于国画的批判很不赞成，于是与傅抱石一起，组织了钱松喦、宋文治、魏紫熙等8人，并从南京艺术学院中国画专业中找了3个学生和1位青年教师组成了一支老、中、青三代人的队伍外出写生，从河南、陕西、四川经长江顺流而下，到武汉、长沙至广州，历经三个月，行程两万三千里。每到一地，行李一放就外出作画，晚上回来整理成作品，第二天上午观摩、点评。回来后，他们在中国美术馆举办了写生画展，并出版画册《山河新貌》，引起强烈反响。“中国画无用论”平息了，“新金陵画派”成为画坛上一种重要的力量。

“江苏书画院这次写生行动，差不多是一次国画救亡运动。给我们的启示是，要高举一个画派的旗帜，得有一批有壮志、有能力、有共同理念的画家，要师法自然，在写生中相互切磋学习。所以，省书画院选定了大家，带你们外出写生，费用问题由画院来解决。”戴岳说道，“今天讨论的是写生行程问题。”

大家热烈地讨论开了。有人说去长江，写生三峡；有人说去新疆，感受北疆风貌。

“乃寿，你说说看。”戴岳看看坐在一旁没有说话的童乃寿，说道，“在座的画家中，你应该是最年轻的一位了，你有什么看法？”

童乃寿咳嗽几声后，说道：“江苏打响了‘新金陵画派’这面旗帜，这是好事。绘画上，我们安徽文化相比之下底蕴更深厚，自然风光更美啊。新安画派,影响多么深远,作为安徽画家的我们,要继承好这其中的文化内涵。我们要弘扬自己的文化,有自己的核心。我觉得,表现家乡山水是我们安徽画家的根基。所以,我们先从安徽山水,包括与之相邻的浙江写生,然后再外出。"

"乃寿说得很在理嘛!"郭公达说道。

"提得好。我们这一批安徽画家,核心是什么?这值得思考。"戴岳提议道,"写生回来,大家研讨研讨这个问题。"

"乃寿,你两个孩子出生时,你都在黄山写生,不在老婆身边。听说你老婆又怀孕了,你担心走远了,老婆生孩子时又不在身边,回来罚站吧?"有人打趣道。

"我们这次就从天目山、富春江再到新安江来写生。"戴岳看了看童乃寿,笑道,"争取早点结束,不影响乃寿陪老婆生孩子。"

写生团队最终确定由郭公达、朱修立、童乃寿、葛庆友、肖玉磊、戴维祥、邵灶友、朱峰、张继平9人组成。

这9位画家中,张继平是年龄较小的女画家,她为安徽省图书馆画了一幅《大别山中》,和赖少其、孔小瑜、萧龙士等著名老书画家的作品同放在贵宾厅,并发表于当月的《安徽日报》。

大家都很忙,谁去买票呢?童乃寿自告奋勇前去,他是个热心人。

那时,除公家外,很少有私人家庭装电话。买好票后,童乃寿还得一家一家去通知出发时间。

他骑着自行车挨家跑。到达葛庆友家,正是吃晚饭的时候,葛庆友执意留童乃寿吃饭。

童乃寿推着车子,说:“不了,我要回去准备行李。”

“你看这是什么?酒,从老干部局弄的。”葛庆友把酒瓶拿在手上晃了晃。

酒瓶都拿出来,人家是真心留客啊。童乃寿把车子靠起,留了下来。

葛庆友是萧龙士的萧县同乡,1965 年从安徽省艺术学院毕业,算起来是童乃寿的学弟。两人你一杯我一杯地喝起来。

喝到最后,葛庆友醉了,趴在桌上。童乃寿看了看,一个人喝没意思,将酒瓶晃了晃,瓶口对着嘴喝了起来,喝完,打个招呼,出门了。

车铃叮叮当当,一路颤悠悠。想着可以去写生,童乃寿不觉自个儿唱了起来。

因为在修路,路上杂乱地堆积着砂石。突然间,车子猛烈一晃,人和车都倒了下去,童乃寿人事不知。

半夜里,他醒了。起身看了看,有一个地方还亮着灯,正是职工医院,他便走了进去。

医生一看,他的脸上破了几块,赶紧为他擦拭包扎。医生要他留下来观察,怕摔伤了头部,尤其是担心颅内出血。

童乃寿晃了晃脑袋,眨眨眼睛,说:“没事,我清楚自己,虽然摔过去了,也就是皮外伤。你们让我回去。”

“这很危险,我们得对你负责,至少得观察 3 天。”医生和护士说道。

“3 天?”童乃寿赶紧下床,说,“我身上有十来个人的车票,耽误了我一人,就是耽误大家去写生!”

“写生重要还是生命重要？你要想清楚！”

“不是我一人写生，是十来人，你说可重要？”说着便走，护士拦也拦不住。

“同志，写生路上一定要看医生，防止破伤风！”

童乃寿到家里收拾一下，赶到车站，郭公达、朱修立等人都在。大家看到他便笑了。纷纷说道：“乃寿，怎么变成花脸猫？”

得知他买票回来后摔倒，大家心里都一阵惊叹。

郭公达说：“你真是命大，半夜里有个三长两短怎么办？你该在医院住着，大家写生是小事。”

“写生是大事，省书画院出钱，组织我们大家一起外出写生，这是多么难得的好事，是不能耽误的。”童乃寿很认真地说道，“我这是皮外伤，过几天就会好。”

因为路上没有药，大家担心他得破伤风。到芜湖的时候，郭公达陪童乃寿去看医生，大部队按计划先去宣城写生，再去浙江天目山碰头。

在芜湖一家医院简单消毒、涂药后，两人从芜湖一路写生到新安江。

水村山廓，清澈明朗。新安江天然的妩媚和清丽，童乃寿画一百遍也画不厌，双手总是不停地在画板上画着。郭公达催促他，才走几步，看到另一处景致，他又全神贯注地画起来。

有一段江畔，对面点缀着徽州古民居，黛瓦粉墙，绿树青山，是那么和谐美丽。童乃寿边画画边高声朗读起来：“新安江水碧悠悠，两岸人家散若舟。几夜屯溪桥下梦，断肠春色似扬州。”

“乃寿,还真服了你,诗兴大发!”

“不是我写的,我这是触景生情。”童乃寿回答。

“谁写的,可知道?”

“作家郁达夫。”童乃寿故意提高声音。

“你还真读了不少书,不仅知道美术的事,还懂文学上的事。”

“这首诗是从报纸上看到的,不是书。”

郭公达边画边走,把他甩在身后好一段路。江畔上有两个赶羊的小孩,正朝他走过来。

郭公达童心大发,对两个小孩说:“小朋友,告诉你们一个事,很重要的事。”

“什么事?”

“你们如果看到一个脸上红花点点的人,记得要躲开哦!”

“为什么呀?”两个小孩天真地问。

“他是专门拐卖小孩的。”

两个小孩有些害怕,问:“他人在哪?不会在江畔吧?”

郭公达忍住笑,摇摇头:“不知道,我也在找他。”

两个小孩将信将疑,继续赶着羊往前走。走了一段路,正看到童乃寿背着画夹走了过来,脸上块块红点,吓得扔下羊往回跑。

郭公达笑了,远远地说:“没事的,与你们闹着玩的,他是个画家。”

“他脸上怎么那样?怪可怕的。”

“摔伤的。”

童乃寿又停在那画画,两个孩子便走了过去看着。一个孩子说:

“你把我们吓死了。”

童乃寿笑了，指指自己的脸：“摔的，没事。我给你们点钱买糖吃，可好？”

“不要你钱，把你画的画送我们吧？”大一点的孩子说。

“好啊！”童乃寿取出两张画，一个孩子一张。

路上，他很高兴地跟郭公达说：“这徽州的孩子与其他地方的孩子真不一样，要画不要钱。”

“这就叫文化熏陶！”郭公达感叹，“文化是春风化雨，能洒进心灵里，澄澈、明朗。”

童乃寿黄山望客松写生稿

写生受伤

沿着火把照亮的方向

我是一只飞蛾

心中只有一个理想

郭公达和童乃寿结束新安江的写生，赶到天目山时，大部队还没到。

第二天，人都赶到了。葛庆友看了看他脸上的伤疤，声音洪亮地问："乃寿，今晚可还喝酒？"

"今晚大部队会师，一路写生，收获很大，我们来个一醉方休！"童乃寿手指在空中一挥，说，"酒后泼墨，挥洒真性情。"

"乃寿真是可以一日无肉，不可一日无酒，真性情！"朱修立说，"这里黑米酒好，晚上喝黑米酒！"

当晚，大家吃着天目山土菜，喝着黑米酒。童乃寿端着黑陶碗大口大口地喝着。

"乃寿，你的指夹三杯的绝技可能改为指夹三碗？"戴维祥问。

童乃寿笑了："天目山没老虎，否则我来个三碗过冈。"

第二天，大家在朦胧细雨中登上天目山。

天目山古名浮玉山，位于临安城北，因东、西峰顶各有一池，宛若双眸仰望苍穹而得名。这里同样是峰峦竞秀,植被丰富。童乃寿喜欢登上峰顶,看云层翻滚的景象,并且留有数稿。

对于山水画家而言,富春江也是一个创作圣地。随后,他们一行来到富春江畔。

富春江由北支新安江和南支兰江在建德县梅城汇合而成。两岸山色青翠,碧水清幽。尤其是桐庐境内,更是美不胜收。名画《富春山居图》就是元代画家黄公望在年近八十高龄的时候创作的。画面呈现秀润淡雅的风貌,气度不凡。为画好这幅画,他终日奔波于富春江两岸,观察烟云变幻之奇,领略江山钓滩之胜。

面对美丽的山水,童乃寿一面画,一面对身旁的郭公达说道:“写生次数越多,越感受到画画需要深入观察,真切体验。我真正理解了‘胸有千壑,下笔有神’这话的含义,难怪我的几位老师都强调师法自然。”

“现在有许多人拔高西方画,贬低国画。我从内心喜爱中国画,这是了不起的艺术啊。西方绘画是画眼睛看到的东西,人站在物体之外,强调形象上的相似性。中国绘画是用心和物相融合,以物来写心中所想,表现心灵和情感。所以,同样一条富春江,黄公望是黄公望的画法,我们是我们的画法。”郭公达感叹道,“一味临摹,是走不出古人的路子,只有练就扎实功底后,才能走出自己的路。”

随后,他们又去了皖南,去黄山写生。

一见黄山烟云,童乃寿浑身是劲。每一处景点他都喜爱,每一片云丝都能引发他无限遐想。

这一天,细雨蒙蒙。有人在宾馆休息,童乃寿望着云雾变幻中的

山峦,披上雨衣向云雾深处走去。

郭公达、戴维祥、张继平也披着雨具一起来了。

“这次来黄山,我们看到了瑰丽的日出,再体验这样细雨中的云雾,缥缥缈缈,恍若仙境,真是无比惬意啊!”童乃寿在前面说,戴维祥在后面应:“‘漫将一砚梨花雨,泼湿黄山几段云’。石涛钟情黄山,体验丰富,好有豪情。”

他们来到排云亭,云雾变幻万千,时而浮云滚滚,如骏马驰骋;时而如丝如缕,款款飘舞。

为了找到最佳观测点,童乃寿总是如猿猴一般,从这蹦到那,画上几笔又换一个地方。他突然一步跨向一块巨石,湿湿的青苔很滑,他一不小心滑倒了,落进石缝。

郭公达和张继平把他从石缝里拉起来,再后点就是悬崖。张继平的心扑扑直跳,好一阵子回不过神来。

童乃寿头破了,鲜血直流。

回到宾馆,童乃寿的雨衣反扣的帽子里全是血水,郭公达他们赶紧喊来医生上药。

童乃寿说:“不要紧,就是皮外伤。”

有人打趣道:“乃寿,开头一伤,结束一伤,这次写生你印象该是最深的。”

“他画画不要命!”郭公达很担忧,“很危险的。”

“要不要去山下检查,怕头颅受伤。”大家严肃地说道。

“我清楚得很,没事!”

等写生结束回到家的时候,妻子已经生产了。

童乃寿内心想要一个女孩子，毕竟有两个男孩子了。可是，生下的还是男孩，童乃寿便给他取名友和。

妻子笑了："别人家想要男孩偏是闺女，我们想要女孩偏是男孩，这下你愁了吧？"

"愁什么呢？"童乃寿抱起孩子，看看他周正的模样，说道，"好可爱，这小子说不定出息大呢。"

"三个男孩子，读书、讨老婆、盖房子，今后够我俩操心的。"邹爱年感叹。

"你这想法不对啊，他们今后出息了，我们以他们为荣呢，再说，我不还有一支画笔吗？愁什么？不愁！"

妻子娇嗔地看他一眼，说道："你以为你是神笔马良，缺什么画什么？"

童乃寿笑了："我才不做马良呢，我是我，画山水的童乃寿！"

看着他那认真的神态，妻子笑了，将身边枕头扔向他："去，少臭美吧！"

一面照顾生产的妻子，一面画画。童乃寿埋头创作，将印象里的黄山和写生稿上的黄山，转化为心灵中的黄山，千峰万壑，姿态万千。这段时期，他创作了《西海烟嶂图》《北海宾馆》《猴子观海》《黄海之晨》等作品。

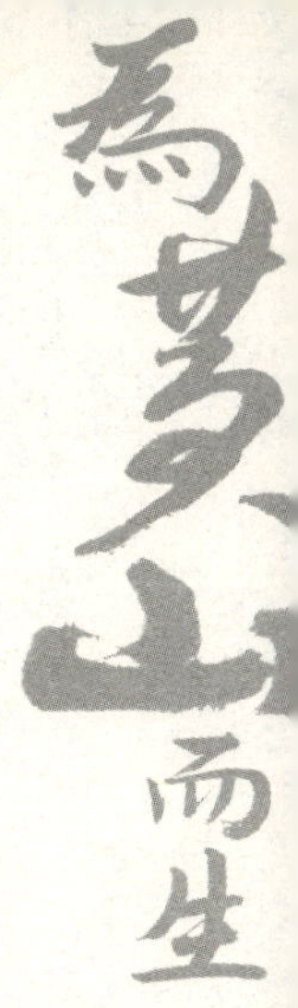

游历四川

五月的雨，浸润灵魂
在清幽的天地间
我用炽热的心
感悟神秘的天机

1981 年春天，安徽省书画院再次组织画家郭公达、王守志、郑若泉、童乃寿等人奔赴峨眉、青城写生。

四川山水秀丽，曾经哺育许多大画家。画坛巨擘傅抱石、张大千都在四川山水中寻找到了自己的绘画语言，尤其是黄宾虹，四川游历，让他画风为之一变。

1933 年春，70 岁的黄宾虹在游历完浙江山水之后，来到成都，与四川蓉社同仁论画。春夏之交，在邓之诚与东方美专学生陪同下，往游青城山，随后寻访川蜀名胜，网罗山水。黄宾虹站在浑然天地之间，一任天机泄露。古人气息、自然气息，在他胸襟里碰撞交融，他霍然间顿悟知白守黑的道理，此后画风为之一变，从“白宾虹”变为“黑宾虹”。

4 月初，一行人登上西陵山。巴山蜀水，钟灵毓秀。童乃寿深叹一方水土一方风貌，与安徽山水相比，这里更为湿润、茂密。

5月份，他们一路写生，登上了峨眉山。童乃寿白天写生，晚上创作，画下了《黑龙江栈道》《峨眉烟岚》等作品。

峨眉山有座雷音寺，原名解脱庵，始建于明代嘉靖、隆庆年间。居高冈，倚危崖，傍坡路，巧构虚脚吊楼，是一座精巧别致的民间小四合院式的庙宇，隐藏在郁郁葱葱的丛林之中。

寺庙进门是弥勒殿，供有石刻弥勒佛像，背面是护法韦驮菩萨像，两厢是客堂、斋堂。27日，童乃寿一行来到雷音寺山下写生，一连几天就在寺庙里用斋饭，清茶素菜。

几天没喝酒，童乃寿实在难以忍受。这一天，大家都在用斋饭，却不见了童乃寿。等到吃完下山，才见他坐在一块石头上，旁边摆着小菜，独自喝起酒来。

“真是酒中仙。”大家感叹。

喝完酒，童乃寿作画《雷音寺山下》。

登临都江堰市青城山的时候，天空下着绵绵细雨。从青城山门拾级而上，经雨亭、天然阁、怡乐窝、引胜亭，便是天然图画坊。这是一座十角重檐式的清代亭阁，雄伟的牌坊矗立于长长的石级之上，地势极为险峻。

雨越下越大，大家都在住处避雨，童乃寿和王守志披着雨具，坐在石块上看山。

自古有“青城天下幽”之说。山幽、水幽、林幽、亭幽、桥幽、路幽……“老舍在他的作品《青蓉略记》里，惊叹青城青得出奇，是一种使人吸到心中去的‘似滴未滴，欲动未动的青翠’。”童乃寿感叹着。

“大自然才是最好的老师，此言不虚，我们要思考的是用笔墨去

表达心中山水。”王守志应道。

雨逐渐停止。云雾中垒垒群峰，时隐时现，静谧中的山峦，蓊蓊郁郁，生机勃发。

空气中散发着自然的馨香，涓涓流水宛如天上流下，耳畔还有道观里传出的飘飘仙乐，让人涤俗去浊。

“要从传统中走出来，表现四时隐晦中的自然，表现充满生命气息的大自然，表现不同于其他名家风貌的山水。”童乃寿暗暗告诉自己。

此后的岁月里，童乃寿一直在探索新的艺术风貌。

自张恺帆、赖少其担任安徽省政协领导人之后，省政协成了艺术家交流学习的平台，经常组织一批有成就的画家一起学习、切磋，成立了书画社，还组织郭公达、童乃寿、陶天月等人去北方写生，与大自然交流，与当地艺术家交流。在政协工作的金砚文负责书画社组织工作，长期与大家们一起切磋，后来他也成为著名画家。

河南、甘肃、青海、黑龙江，都有他们写生的足迹。从中原的雄浑到东北的神奇，在行走中写生，在交流中学习，童乃寿眼界进一步开阔。

第六章　人生新境

相识袁振

春风温暖心扉

墨韵铺满脚印

一个大艺术家的出现，与自身天赋、勤奋是分不开的，也与困难时期有人提携是分不开的。

童乃寿把全部心思放在画画上，他不懂得营生，所以生活得很清苦。这时，有一个人肯定了他的作品，看出了作品中对传统文化的深厚汲取和他自己的探索成就，这个人就是时任安徽省委常委、省委副书记的袁振。

1917 年出生于山东莱州的袁振，原名袁风采，早年毕业于曲阜师范，与同学万里等人一起，以教书掩护参加革命。从抗日战争到解放战争，他在炮火峰烟中迅速成长。1947 年 7 月，袁振和一批干部随晋冀鲁豫野战军主力南下挺进大别山，被任命为南下干部支队司令员兼政治委员。

1949 年春，湖北解放。袁振担任湖北省常委、省委宣传部部长。

1981 年，童乃寿在四川万县写生稿。

20 世纪 50 年代，国家建设急需钢铁，他被调往鞍山钢铁公司，担任党委第一书记兼经理，鞍山钢铁学院首任院长。

1964 年 5 月，袁振调任山西省委书记处书记兼任太原市委第一书记。“文革”期间，受到批斗与迫害。1978 年 12 月，他调到安徽。

虽然一生从事革命与领导工作，但袁振骨子里喜爱传统文化，他钟情书画，擅长诗文，抗战期间就有“泰西才子”的美称。

到安徽后，袁振立即对徽皖大地底蕴深厚的文化产生了兴趣。有一次在展览上，看到童乃寿的黄山画，他眼睛一亮。他从作品中看到了中国书画艺术的文脉正宗，又看到了作者独特的感悟和艺术才情。他内心感受到，继石涛、梅清、张大千、黄宾虹、刘海粟、董寿平等人后，又一位黄山知音出现了。虽然在这次参展作者中，许多人的名

童乃寿在峨眉山途中写生稿。

1981 年，童乃寿在大昌写生稿。

1981 年，童乃寿作《雷音寺山下》(34 ×45cm)。

气在童乃寿之上，但袁振独爱童乃寿笔下黄山，那里有特殊的笔墨追求，满纸烟云，气象峥嵘。

这一天，童乃寿正在斗室作画，接到口信，袁振请他去作画，着实吓了一跳，这可是省委书记啊。他赶紧收拾画具往省委大院走去，不是畏惧权贵，而是感动于一份赏识。他早闻袁振喜爱文化，更是懂艺术的领导。

到了袁振家，袁振早在门口等候，一双有力的大手紧紧握住童乃寿的手，说道："乃寿同志，你的黄山画得太好了，画出了我从来没见过的黄山的神韵，你是黄山的知音啊！"

"感谢袁书记夸奖，黄山太美了，我只想表达她的神奇与美丽，能力有限，还要努力。"

"我了解你，你最大的品质是谦虚好学，你的作品中有历代山水画大家的艺术滋养，但又有你自己的追求。艺无止境，善于吸收是成为一个大家必备的素质。有些人我就不欣赏，刚有一点成绩就骄傲，眼中没有他人，更没有古人，只有他自己，一叶遮目，不见泰山。尾巴翘上了天，还怎么去攀高峰？"

"袁书记这话道出了艺术追求的真谛，我会永不满足地去探索。其实，当自己的视野宽了，与古人对话久了，与当今大家交往多了，也就自满不起来了。"童乃寿手中捧着袁振为他沏的黄山毛峰茶说道："茶香氤氲，交流亲切。"

寒暄一番后，两人开始作画。童乃寿起草，画了一幅黄山图，飞瀑、流云、山峦、沟壑、古松。袁振赞不绝口，调起色来，为岩石与古松染色。

作完画，正是晚饭的时候，袁振留童乃寿吃饭，四道菜，还有老白干酒。袁振知道童乃寿喜欢酒，特意喊女儿袁晓红过来敬酒，说道："我女儿也喜欢画画，画花鸟，今后还要你多指教。"

"好，我教你画牡丹。"童乃寿对袁晓红说道。

几天后，袁振又托人请童乃寿过去，说道："乃寿，这几天我一直在看这幅画，你画得太好了，就是我不该上色，糟蹋了一幅好画。这次请你独立创作一幅作品，我不动一笔，你的辛苦，按润格付给你，古人给我们立下了润格这么一个规矩嘛！"

"袁书记说哪去了，您看中我的画，这是鼓励，自当效劳。"童乃寿说，"今天，我来画一张丈二山水。"

1981 年，童乃寿在长江三峡写生稿。

童乃寿大昌写生稿

袁振因公务外出，童乃寿独自一人作画。黄山的烟云、飞瀑、山峦、奇松，以大气磅礴的姿态在他胸中回荡，让他激情满怀。

经过一整天的时间，一幅《黄山烟云图》画好了，笔墨滋润，气韵生动，童乃寿很满意，觉得是绘画以来画得最好的一幅，似有神力相助。

带着一份成就感，他拒绝了袁振家人的盛情留吃晚饭，独自一人来到明教寺旁，在一个小馆子里自斟自酌起来。

20 世纪 70 年代，童乃寿（左一）在黄山西海写生。

袁振晚上回到家，看到案板上的巨幅黄山图，他惊叹了，只见画面布局精致，层次丰富。笔墨滋润下的黄山，清新典雅而又大气磅礴，出于天籁，胜过自然，在情与景的营造上，尽得黄山神韵。

袁振一个晚上都没睡，捧着茶杯看了又看，边看边称赞，自言自语道："乃寿，了不得啊，这样的人要爱护，要培养！"

第二天，他让家人拿去装裱。

装裱期间，袁振脑中还回味着那幅画，忍不住想去装裱店再看看，家人忙阻止他说："哪有你这样急切的，毕竟是个省领导，旁人看了会说闲话啊！"袁振想想也是，便打消了去装裱店看画的念头。

画裱好后，袁振指挥家里人，把墙上一幅名人画的山水画取下，换成童乃寿的黄山图。此后，袁振吃饭、喝茶的时候都要品味一番，有时来了兴致，还要拿笔墨临摹一番。

创作访美礼品画

调墨、运笔

合肥神韵在纸上跃然

把传递传过大洋彼岸

过年了,邹爱年把三个孩子带来合肥,一家五口挤在小房子里,打起地铺来,室内连下脚的地方都没有。

老婆、孩子来了,童乃寿内心非常高兴,便带他们上街看夜景。三个孩子好奇地打量着一切,这是他们在乡村无法感受到的。

几天后,邹爱年发现童乃寿在享受家庭快乐的同时,内心也很着急。他是一天不画画就内心失落的人,一连几天没法动笔,内心火燎一般。为了不影响丈夫画画,邹爱年便打算带孩子回老家。

临走时,三个孩子都不愿意走,尤其是老三和老二,一个抱着爸爸的左腿,一个抱着爸爸的右腿,坚决要留在合肥。邹爱年好不容易劝开了老二,老三却哭着不放,她没法子,抡起巴掌在他屁股上“啪啪”打起来。

看着老三哭哭啼啼,一步三回头地走了,童乃寿心中一阵酸楚。回到小屋里,他画画的兴致全无。坐在小矮凳上,阵阵发呆,他怨恨自己,恨自己没有能力让家人幸福,恨自己没有能力让家人生活在一起。自己一个43岁的汉子,除了画画还能干什么呢?

1982年,安徽省书协召开成立一周年会议,没有合适场地,就在省军区召开。

黄叶村也来参加这个会议了。

黄叶村是芜湖人,1911年出生,他在历尽坎坷与极端贫穷中痴爱书画。让业内知晓他的是,1979年他画了50多幅画,作为时任安徽省省委书记万里出访的礼品。红学家冯其庸在芜湖见到他的墨竹,赞为"江南一枝竹也"。此后,他在省博物馆参加"五老"画展时,被安徽师范大学艺术系聘为教授,并被芜湖市政协增补为第六届政协委员,他的生活状况才稍稍有些改善。

童乃寿很敬重黄叶村,当晚的聚会,童乃寿赶来了。

"安徽美协在1960年成立了,虽然中间停滞了十年,但还是取得了不少成就,尤其是版画方面,我与师松龄、郑震、陶天月一道把新徽版画做起来了,这在全国影响很大。安徽书法基础相对弱一些,去年成立省书协,在全省物色会员,也只找到二十几人,今年增加了不少嘛,大家学习书法的热情很高,有人取得的进步让人吃惊,耿立军就是典型。我们要大力开展培训班,让更多的书法人才涌现。总之,安徽的美术也好,书法也好,是大有希望的,我们为希望干杯!"作为省书协主席的赖少其鼓舞大家说道。

"干杯!"童乃寿应着,酒麻利地倒进了肚子。

"这希望是什么样呢? 不会是个梦吧?"陶天月从合肥晚报社调到省文联后,一直与赖少其一起搞版画,相处得好,说话也随意。

"我所说的希望,不是说大家画画写字能发多大的财,当然,画家也应该通过自己的艺术得到体面的生活。我所说的希望，是指国家重视我们、人们重视艺术，是指安徽美术、书法能够走出饮誉全国的大家。大家在哪呢？肯定在我们在座的各位中间。”

“我的希望就是能安心画画。”童乃寿笑着说。

大家笑了。

“乃寿这个心态是最好的，所以能知足地画画，能默默地汲取。”赖少其赞道。

“乃寿是海绵，别人的东西他都能吸收！”黄叶村赞道。

童乃寿憨厚地笑：“大家都在鼓励我，喝酒，老样子，你们一杯，我两杯！”

20 世纪 80 年代，童乃寿（右三）与张建中、郭公达、陶天月等参观画展。

1983年，合肥防空洞组织了一次民兵书画展。

“民兵书画展全是民兵的画，档次上不上去。”组委会有人提议邀请一些名家参展。

童乃寿被邀请参加。来人担心没报酬，童乃寿不愿参加。童乃寿捋了捋袖子，现场画了起来，边画边说：“你们这是推广传统文化，支持你们，义不容辞！”

这次画展，取得了很好的效果。

自从农村实行联产承包责任制后，城乡的日子一天天富裕起来，吃饱了肚子，人们开始追求美，追求精神生活。合肥的美术事业也在升温。

早在1979年的时候，上任不久的省委书记万里应邀访问马里兰州。1980年，安徽与马里兰州建成友好省州。1983年，担任国务院副总理的万里应休斯州长邀请再次访问与安徽结成友好关系的马里兰州。

中国是个礼仪之邦，请万里转带什么礼物给友好省州呢？袁振建议带国画。国画代表着中国的传统文化，安徽又是新安画派故里，水墨艺术源远流长。

经过大家讨论研究，决定请童乃寿画合肥十景。刚刚任职省委书记的黄璜，也是深爱传统文化的，认可了这个建议。

童乃寿接到任务后，格外重视，每天一早就外出画手稿，画大蜀山、画明教寺，还要去吴山镇写生吴王遗踪。

经过十几天的昼夜创作，水墨淋漓的合肥十景图画好了。作品交到省委，万里看后说：“好嘛，让马里兰州友人认识了合肥，创意好、画好。”

画带到马里兰州后，大家非常喜欢，对中国画水墨交融的韵致赞不绝口。从此后，安徽领导人出国访问，常常带上本省名家的书画作品，增进友谊的同时也弘扬了博大精深的徽文化。

造访香椿楼

简陋居室

墨香长流

多少年后，欲说还休

因为群众越来越喜欢美术，所以裴家同牵头筹划成立了合肥书画院，隶属合肥市文联。裴家同担任院长，专职画家有周彬、王守志等人。随后，青年画家凌徽涛因在油画艺术上有突出成绩，也被调到了合肥书画院。

在当时，许多人想调进书画院。一个有正式编制的画家是让人羡慕的，意味着你可以专心致志地探索书画艺术，不至于有衣食之忧。

童乃寿的山水画已经达到相当高的境地，尤其是山石皴法和云雾的渲染，可以比肩美术史上的大家。裴家同有意调他进画院，但报告很快被主管部门否定，理由是童乃寿是一个大集体单位的工人，画院是正式编制的事业单位，调动不了。

袁振得知后，说道："我们建设国家，当然要有制度、有规章，但也不能僵化教条嘛！合肥书画院，当然得云集合肥最好的书画家，把童乃寿排斥在合肥书画院之外，这会让外地人笑话，笑我们不识人才，

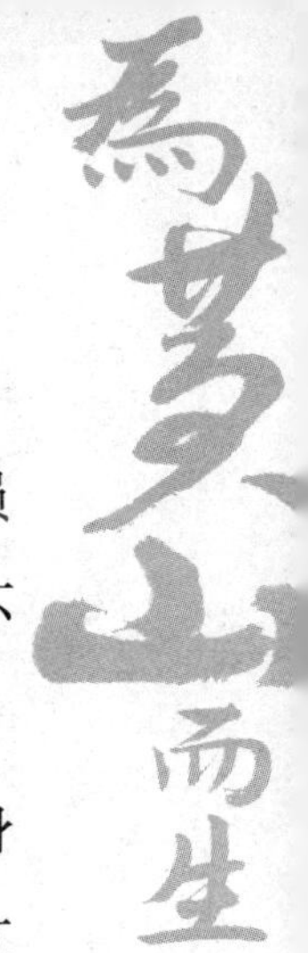

也不利于合肥书画事业乃至安徽书画事业的发展！”

袁振的话也传到了裴家同和合肥市委宣传部、市文联有关人员的耳里，大家很重视，为此专门开了一个会进行研究，结果是谁也不敢破这个例，拍板将一个工人身份的画家调进书画院。

合肥书画院毕竟是合肥市的，袁振也只能建议，既然没人敢破身份这个格，他也不好过问太多。他担心童乃寿有想法，对女儿袁晓红说：“今天我有时间，你带我去乃寿那看看。”

袁晓红赶紧喊来凌徽涛，驱车来到合肥纸箱厂。

厂里领导一看是袁书记来了，一时慌了手脚。袁振安慰说：“别慌，没什么事，我以个人身份来看看童乃寿。”

“他今天没来。”

“没来？”袁振有些出乎意料。

“厂里研究决定，一般没什么大事，他不用来，在家里画画，我们知道他的艺术成就，所以对他特殊照顾。当然厂里要装饰，有应酬什么的，请他画画，他也是有求必应。”

袁振笑了，说：“你这个厂长头脑很活，很开明嘛！”

童乃寿那些吞吐宇宙的山水巨作是在什么样的环境下完成的呢？袁振决定去看看。

凌徽涛去过童乃寿那儿，清楚他那里条件太简陋，让一个省领导去实在不妥，便说道：“袁书记，我们先送您回家休息，再带乃寿同志去您家。”

袁振摆了摆手说：“革命时期，我们与群众打成一片。怎么革命成功了，当上了领导，离群众反而越来越远呢？去乃寿那，一来看看他作画环境,二来也算深入基层了解百姓生活,关心一个艺术家的生活状况。”

车子在合肥三中对面童乃寿租住房前停下,房前一棵椿树枝繁叶茂。“好哇,陶渊明因宅前五棵柳树而自号‘五柳先生’,乃寿因这棵椿树而号‘香椿楼居士’,很高洁嘛!”袁振边说边随凌徽涛上木梯。梯子因为年代久远,踏上去吱吱作响。

敲开门,袁振看到童乃寿的作画环境,他太吃惊了!一幅六尺宣纸铺在床上,旁边散放着笔墨及盛着水的碗盘,被子放在两张小矮凳上,一张简陋的小桌上,还有吃剩下的馒头。

童乃寿没料到袁振书记会突然来到自己房间,连给客人坐的凳子也没有,他显得局促不安。

袁振紧紧握着他的手:“乃寿,你这般苦,我也吃过。当初,我与老同学万里一起干革命的时候,比这更苦。并且我告诉你,再过一二十年,你会发现你今天的生活境况,其实是你人生的一笔难得的财富。因为你从中锻炼了意志、体会了艰辛,你对生命、对人生会有深刻的感悟!”

童乃寿激动无语,连连点头称是。

“合肥书画院成立有段时间了,以你的绘画水平,应该能进书画院,但有些制度在,有些程序必须走,否则就乱了套,这点希望你理解。省里、市里都清楚你的艺术成就,也清楚你对安徽美术事业的贡献,是金子总会发光,路我们一步步走。”袁振拍拍童乃寿的肩膀。

“谢谢袁书记,我觉得我已经很好了。我画画乐在其中,比起我老师童雪鸿、张君逸,还有懒悟老师他们,强几百倍!他们那时候想画画不敢画啊!”

回来的路上,袁振默默不语,眼睛湿润了,好久才感叹道:“我们新中国成立都三十几年了,人们还是普遍贫穷,我们作为领导,有责任啊!”

调进合肥书画院

从这个驿站出发

我打马去远征

合肥是一座有着两千多年历史的古城，曾是古扬州、合州、南豫州、庐州治所，具有“江南唇齿，淮右襟喉”之称，历来也是兵家必争之地。

正是战争与动荡，让合肥这座古城屡遭破坏。1949 年 1 月 21 日合肥解放时仅是一个人口只有五万的小县城。1953 年正式成为安徽省省会，之后的二三十年里，合肥的城市面貌始终没有大变化，与一个省会城市的标准极不相称。

张大为从安庆调任合肥市市长后，以极大的魄力改造城市面貌。整建城隍庙、扩建长江路……拉开了合肥城市改造的大幕，吸引了全国许多领导前来参观。

有一次，在关于城市建设的大会间隙，张大为与袁振聊到合肥书画院及童乃寿调动问题，袁振随手在一张纸上写下“不拘一格降人才”递给张大为，说道：“大为同志，在合肥的城市改造中，你表现了极大勇气和魄力，在文化建设上，也要有所突破，有所创造嘛！”

袁振的话，张大为很重视，特别批示让市委宣传部、市文联专门研究。市委书记郑锐是书法家，为此专门去童乃寿的“香椿楼”视察一番，回来也说道：“乃寿同志的确在艰辛条件下取得不凡的成就，我们支持他，也就是支持合肥书画艺术的发展，大家要有这个认识高度。”

随后，市委报告递达省委。省委专门召开了一个常委会，鉴于童乃寿在笔墨上的独特追求以及拓展了黄山画的表现形式，同时为安徽美术走向世界交流做出了贡献，省委决定增加一个编制，调童乃寿进合肥书画院。

20世纪80年代，童乃寿（右一）、王守志（左一）、陶天月（左二）、裴家同（左三）、周彬（左四）在合肥书画院作画。

进入合肥书画院后，童乃寿的人生迈上一个新的台阶。在这里，可以完全投入到创作中，还有一些志同道合的艺友互相切磋。

这一年，安徽省组织职工书画展并且评奖，童乃寿的《峡江烟嶂图》获一等奖，并被选送参加全国职工书画展。他的国画作品《黄山雪霁》入选庆祝建国三十五周年安徽美术作品展。

童乃寿为人忠厚、善良，画院里谁的朋友装饰居室需要画，他都认认真真地画，从不谈报酬。

合肥城隍庙改造获得了成功，许多商家入驻，并请合肥书画院画家创作作品，题写招牌匾额，画院为此有了几万元收入。当时，“万元户”是叫得很响的词语，几万元更是一个让人心动的数目，有人说：“分了吧，咱们也改善改善生活。”

院长裴家同不同意，说：“画院是公家的，咱们利用公家平台创收，钱应该归公家，分了就是犯罪！”最后决定，给每个人买一辆美骑牌自行车，剩余的钱在合肥繁华路段三孝口附近买了一间门面房。后来，随着商业大潮的兴起，房租租金成为画院源源不断的一笔收入。

邹爱年带着孩子在老家劳作。地方组织修梁帝庙，大热天，邹爱年起早贪黑挑砖送瓦，生了痔疮，不能走动。

童乃寿听说后，一下班便骑自行车往老家赶。路上又渴又累，便在路边小镇上买了一个西瓜，吃完继续赶路，赶了一夜才到家。

妻子看到满头大汗的他，心痛地责怪：“这么远的路，为什么要骑自行车回家？为什么不请个假乘车回来？”

“三个光头儿子，要钱的地方多，省着给他们用吧！”童乃寿说着，取出冰糖，一个孩子嘴里放一块后，也给妻子冲了一杯冰糖水。

平素里只知道画画的丈夫有了这份关心，邹爱年眼睛里噙着热泪。她瞬间明白了,丈夫也是一位懂得体贴的男人,只不过所有的心思都在画画上。画画让他看起来很简单,但他的内心世界是无比丰富的。

爸爸回来了,三个孩子无比快乐。尤其是老三,刚刚四岁,像小猴子一样在爸爸肩膀上爬上爬下,快乐的笑声洋溢在清晨的村庄里。

“我调进了合肥书画院,要是你们也在一起多好啊,我一生就没有憾事了。”

“知足吧,你调进书画院,十乡八里都在谈论,羡慕得要死。我带三个孩子也就放心了,不用再为你担心这担心那了。”

“大家的生活在一天天好,我们画家也会一天天好的。会有这么一天,让你们都进城,我们一家在一起。”童乃寿一面说,一面逗着小三,“这孩子眼睛灵光,肯定有出息。”

回到合肥后的几天,童乃寿心中总是挂念着老婆孩子。一次,他骑车去画院,迎面一个小伙子疯狂地蹬着自行车,飞一般扭摆前行,还边蹬边唱。车子朝童乃寿的车子撞过来,还没等他回过神,已经倒在地上,膝盖蹭破了,鲜血直流。

正好有警察路过,看到这情况,把小伙子拦住,要带到派出所。

“警察同志,不能完全怪他。”童乃寿站起来,摆正扭向一边的车头,“我在想家里事,也没有用心。”

警察瞥了童乃寿一眼,指着小伙子说道:“他哪是骑车,是在飙车!”

“年轻人,有激情,原谅他一次吧!”

"咦,很少见你这样的人。"警察笑了,"换了别人,还要他送去医院检查呢。你既然为他求情,就原谅他这一次,今后别飙车了!"

小伙子感激地骑上车,走了。

童乃寿朝他背影喊道:"慢一点,注意安全。"

转眼间,新的一年又到了。

这天是元旦,各个机关放假,庆祝新一年的到来。童乃寿心想,新的一年来了,该去看看袁书记,带点什么礼物呢?他觉得空着手去很难为情,中国毕竟是礼仪之邦。

他把钱包翻出来,买了几份礼物,拎着出门,又犹豫了,心想:"拿这些东西去,袁书记准会责怪。他喜爱以艺会友,不喜俗礼交往。"便又把礼物拎回去,挑了一幅《黄山溪云图》,上面有自作诗一首。

袁振正在书房画画,一看童乃寿来了,放下笔,说道:"乃寿,帮我看看这画画得怎样?"

童乃寿一看,他画的是山野的菊花,花朵俯仰呼应,花瓣勾勒得多姿多彩,线条也流畅老到,便赞道:"属于文人字画的格调,这份韵致是专业画家表达不出的。"

"做领导的,在单位里下属恭维,下去调查也是一片恭维声,真话难听到啊!你乃寿不是别人,就别恭维我了。实话实说!"

"我是说实话。我们专职画家,毕生精力在画艺上,笔墨技能要娴熟些。但您是领导,是文化人,视野开阔,善以简约笔触表达一种情趣。这种情趣不是笔墨技能能达到的,而是依靠人生阅历与修养。"

“你这话说得在理。一个卓越的画家，扎实的笔墨功底是前提，另外要有学识、学养的支撑。”袁振一面说，一面小心地打开了童乃寿带来的画，“你的黄山画，直追美术史上大家。当代画家中，你已经超越了宋文治，我是这么认为的。尤其是你的书法好，题诗也有了格调，这一切，都标志着你行走在成为一代大画家的路上。乃寿，你要坚持，不怕一切困难去坚持。有些困难，我能在原则内帮你解决一定解决，为你创造条件去画画。”

童乃寿连忙说：“您已经够帮忙的了，我感激在心。”

“说什么感激嘛，为你解决一些实际问题，也就是为当代安徽美术事业的发展做一些事。你要有这个认识，别觉得我是帮助你个人，心中挂着放不下。”

聊了一会，袁振说：“今天是元旦，一元复始，万象更新，相信新的一年里你会有新气象。你送我画，我也送你一份礼物——歙砚。”

袁振从柜子里取出一块歙砚，说道：“这块砚虽然雕刻简朴，但石质很好，贮水不耗，厉寒不冰，采自婺源龙尾山西麓武溪乡。”

童乃寿抚摸着石料说：“好料子，看这古犀罗纹，多细密啊。您留着自己用吧。”

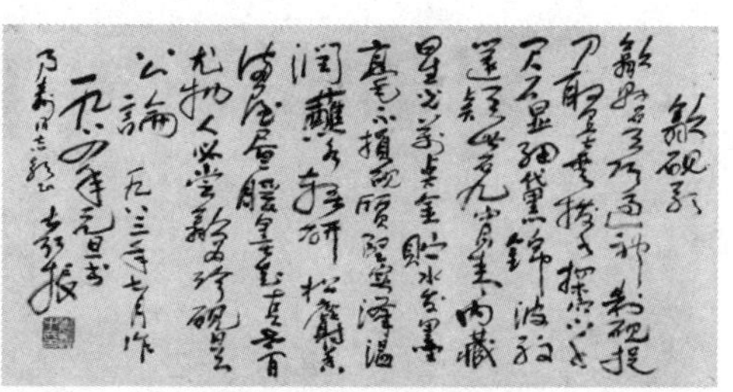

安徽省委原副书记袁振赠予童乃寿的书法、绘画作品。

“说哪话，你送我画，我送你砚台，这是以艺会友，也是促进艺术发展。去年7月份，我为这砚作了一歌，我写下来，一道送给你。

袁振说着，挥毫题诗。

画坛童家军

我用艺术表达生命

跃动的色彩与我的心血肉相连

我用艺术丈量脚印

表达世界的语言代代相沿

黄山，历来是画家们的最爱。

早在1979年10月，张建中、郭公达、裴家同、陶天月、郑若泉、周彬、童乃寿等一批山水画家，因迷恋黄山神韵，成立了黄山画会。

由于社会上想学画、学书法的青年越来越多，作为会长的张建中与大家商议，挂出黄山书画院、黄山画廊的牌子，招收学员学习绘画。一时间影响巨大，尤其是到黄山书画院报名学习绘画的人络绎不绝。

童乃寿教授山水课，他经常在课堂上绘画黄山松云。学生最爱他笔下的松树，千姿百态，生机勃勃。课一结束，学生争着涌上讲台抢他的示范画稿。

看到大家争抢得厉害，童乃寿便说道："别抢，我再给你们画。"这么一承诺，画了就停不下来，你也要，他也要，尤其是带夜班的时候，通常要画到十一二点才能回去。后来，他干脆上课前画上几张，给那些没抢到他作品的学员。

有的学生不满足在课堂上学习，纷纷要私下拜师，单独求教。也有社会上热爱绘画的青年，看到他的作品后辗转联系到他拜师学艺。

他的学生很多，有造诣的也不少，王仁华就是其中一位。

1952 年出生的王仁华，童年时喜爱画画，但一直无缘拜师。她后来下放到宿松县当知青，直到 1970 年返城，在东方塑料厂做工人。工作期间，只要有时间，她就画画。师父看她画得非常好，便问她谁教的。

王仁华摇了摇头，说："没老师教，自己从小就画。"

"没人教画得这么好？你应该找个老师教你。"

"拜谁为师呢？"

"我儿子在跟童乃寿画画，童老师教画特认真，我让儿子问问童老师可愿收你。"

童乃寿看了王仁华的作品后，说她悟性高，画下去肯定了得。王仁华很高兴，要拜师学艺。

"你先别慌着拜师，每个礼拜来学一次，觉得有收获再拜师。"

王仁华便每个礼拜去一次，每一次画一幅小画。有时候，童乃寿自己画一幅画，让她带回来临摹。

童乃寿教画认真，毫无保留，又不摆架子。王仁华进步飞快，第四周的时候，便正式拜师。老师喜欢喝酒，王仁华每周学画的时候都会带瓶酒给他。

经历了十年思想禁锢，人们开始穿着鲜艳。王仁华追求美，穿着自然走在时代前列。她每次去老师那学画，房东老太太总是端着凳子坐在那，用眼睛盯着她说："我告诉你，童老师家师娘漂亮得很。"

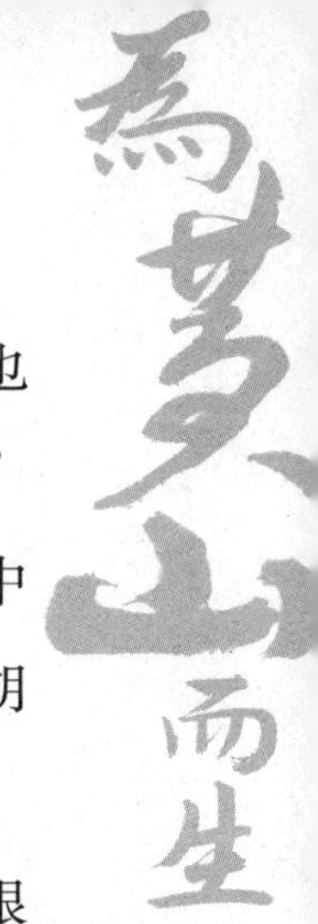

王仁华忍不住笑了，说道："童老师多正派啊，师娘是丑八怪也好，大美人也好，他还是这样的童老师，一样的专心画画，认真教画。"

胡礼惠也是童乃寿的女弟子。1956 年，胡礼惠出生在一个老中医家庭，父亲喜爱名家字画，并且收藏了不少名人字画，这激发了胡礼惠画画的兴趣，她经常照着小人书画。

有一次，画家郑伊农来到她家，看到桌子上有一幅名为《一块银元》的画，问胡父："这是谁画的？"

"我家老七。"

"这孩子不错，天赋好，叫出来看看。"

父亲喊出胡礼惠，说道："这是郑老师，大画家。"

"郑老师好！"胡礼惠怯怯地喊着。

"郑老师，这孩子拜你为师，可愿意收？"

"画画要打好根基，让她跟我儿子学，从素描、水粉开始。"

当时社会上，男女交往界限很深。胡礼惠随郑伊农儿子学画画，一个静悄悄地画，一个远远地看，学生不问，老师也不说话。画了一段时间，胡礼惠觉得没收获，便放弃了。

中学毕业后，胡礼惠下放做了知青。回城后，她在单位搞宣传工作，但中国画的情结一直萦绕在心，挥之不去。

听说黄山书院招生，她便报名了，开始在郑若泉班上画花鸟，后来转到童乃寿班上画山水。每周一两节课，胡礼惠感觉太少了，想单独拜童乃寿为师，可是开不了口，便委托耿立军说拜师一事。

胡礼惠很重视拜师仪式，与爱人一起做饭，还特意邀请耿立军等人作陪。

童乃寿很早就来了，看了看，说：“礼惠，你俩忙，我来给你画张画。”于是独自在案头作画。

画好了，耿立军等人也到了。当天晚上，又是开怀畅饮。

童乃寿对技艺毫不保留，对前来求学的都悉心指点，长期的、短期的、临时的，称得上他弟子的有数百人。当代安徽画坛上，一批实力派青年画家都是他入室弟子，或者得到过他的指点。除了王仁华、胡礼惠外，樊建文、赵光辉、王振声、王世勇、高军、朱立群、陈建坤、王军、李春染、苏常乐、朱其华、沈华堂、李孝鹏……童家山水画大军是安徽画坛劲旅，他们有的担任省、市书画院骨干，有的担任美协领导。

一批坚持山水画的弟子一直对老师的技艺不断追求。直到70多岁，童乃寿在工作室画画，学生仍然用摄像机来记录老师的一皴一染，力争研究透他的笔墨精髓。

童乃寿总是告诫学生，拜师要学会老师的笔墨语言，但画作一定要有自己的独特心灵体验和自家风貌。学生中，王仁华便由专攻山水转为人物、花鸟都画，尤其是从中央美术学院研修后转为工笔人物，因为功底扎实，很快在写意性工笔绘画上脱颖而出，从2000年开始，频频获奖。她笔下的女性，浪漫而奇谲，凄美而冷艳，别有一番滋味。

此外，胡礼惠在工笔画上频获大奖，高军行走在绘画与文学之间，陈飞翔则在笔墨追求上取得了独创性发展……

喜爱喝酒的童乃寿，还收了一些同样嗜酒的学生。樊建文、赵光辉就是与他因酒结缘。

20世纪80年代，童乃寿（中）与学生樊建文、文义龙合影。

1957年出生的樊建文，老家在文化底蕴同样深厚的浙江绍兴。他来安徽工作后，遇上了孔小瑜，便拜他为师，学习小写意花鸟。画了一段时间，孔小瑜便建议他改随童乃寿学习山水。他看出两人的艺术感觉、性格、情趣颇为相近。因为有喜欢饮酒的共同爱好，樊建文的山水画入门快，他也与老师童乃寿走得非常近，师徒形影不离，有童乃寿的场合，就有樊建文。二人一出现，酒桌就热闹了，就多了一份画家的率真与豪情。

因为喝酒直爽，一口一盅地喝，所以醉酒是经常有的。常常是师徒二人相扶着回画室，坐在椅子上休息半小时，将水墨调好后，倒在宣纸上，借助宣纸肌理去描绘山水，那种感觉，出神入化。樊建文看呆了，等老师彻底酒醒，再为他调好青绿颜色，请他画张大千风格的黄山,他也画,却缺少醉酒时那份兴致与感觉。樊建文不由得感叹道:“老师啊,对你而言,酒和画是孪生兄弟,都入了你的骨子里啊!”

赵光辉也是在一次酒宴上与童乃寿确立师徒关系的,因为有了酒作媒介,师生相处甚好。

赵光辉结婚,童乃寿早早地赶到祝贺。

酒宴后,赵光辉要送老师回家,童乃寿说:“你就别送了,好好陪新娘子。”

赵光辉憨厚地笑着说:“先送老师。”

师生二人一路行走一路谈心,谈画画,谈人生。

“光辉啊,你要是立志做一个画家,就要有牺牲精神,牺牲娱乐时间,同时要有恒心,画家不是下一两年、四五年工夫就能做成的,要毕生追求,心无杂念地追求。”

“老师,我记住了。”

“许多人开始都喜欢画画,画着画着,坚持不下了。黄山书画院开办了六七年,培养了千百学生,可几个人在坚持画画呢? 许多人不是悟性不够,不是天赋不行,而是坚持不下!”

“老师,我一定坚持走下去!”赵光辉坚定地告诉老师。

师生走了好几里路,才分手。

带着老师的嘱托与厚望,赵光辉也成为合肥画坛上一位实力派山水画家。

依依香椿楼

小小陋室

记录奋斗的足迹

离开

是那么难舍难弃

童乃寿收的弟子多了,来香椿楼的也就多了,有时几个弟子同时来学画,转身都难。

还有些没有正式拜师的青年画家也常常到香椿楼,仔细观看童乃寿的一笔一墨。这中间也涌出了许多出类拔萃的山水画家,比如后来师从赖少其的宰贤文,他沿着新安画派的足迹上下追寻,笔下的世界带着理想主义,溪流潺潺、山峦蔼蔼、古树萧远、屋舍俨然,是一片宁静的天地、禅宗般的灵境,具有中和之美。还有师从亚明的陈廷友,无论是泼墨还是写意,都是自然天成,气韵灵动。

有一年正月,陈廷友弄了些酒票,买了几瓶酒。他让妻子好好烧几道菜,把堂兄陈丁佛及童乃寿、葛庆友请到家里吃饭,答谢他们对自己的指点。

童乃寿很高兴,杯杯见底地喝酒。吃完后,他说道:“廷友,谢谢热情招待,我给你画幅画。”

他认认真真地画起来,画的是一幅《秋山夕照图》,画面清雅。陈廷友由衷赞叹:"您对传统的把握,真是了得!"

"我的困惑也在这。"童乃寿说道,"谁看了我的画,都说功夫深,但我自家面貌在哪呢?从传统中进去了,要考虑出来,我开始探寻,探寻怎样出来,走进自己的自由王国。"

童乃寿的内心时时在思考如何在博取众长之后,走出属于自己的路,画出童家风貌。有一次,他去听美学家郭因的讲座,有一段话他深有感触:"杰出的画家,常常是以强烈的气质,带着好奇心,冒着一切风险,去推翻一切陈旧的偏见,运用与众不同的技巧去表现独特的自我艺术感知。"

他把这段话特意写下来,装裱好挂在画室,激励自己。

春雨绵绵。一次雨过天晴,樊建文和赵光辉来童乃寿画室。画了一阵子,两人都不断抓屁股。

"画画,抓屁股干什么?"童乃寿不满地问。

"痒啊!"两人回答。

"咦,怎么来你香椿楼屁股痒呢?"

樊建文抓着找着,找到原因了。小矮凳子上长满了小小的红色虫子,团团簇簇的,不仔细看,看不出来。

赵光辉赶紧把凳子搬到外面去晒。

"老师,这些虫子怎么不咬你呢?"樊建文奇怪地问,"虫子还认得主人?"

童乃寿笑了,说:"我住久了,习惯了,都不知道痒了。"

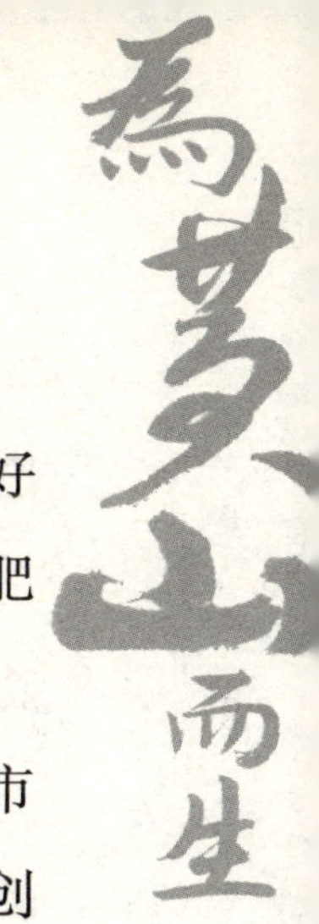

“一个画家，要有像样的画室，才能很好去为人民创造更多更好的作品。”袁振关心童乃寿的创作条件，总把这话挂在嘴上，看到合肥市市委书记郑锐和市长张大为都要说一说。

市里请童乃寿创作一批画，作为市领导外出交流访问的礼物，市长张大为批了一个条子，请房管局为童乃寿分一套房子，为他画画创造条件。

这件事落在市委办公室的耿立军和合肥书画院的凌徽涛身上，两人拿着条子来到房管局，找局长协调房子。

局长手拿条子，搔了搔头，说：“我手头上也没房子啊，多少干部职工都是一家人挤在小房子里，吵着要房子，我怎么分配、怎么协调呢？”

“童乃寿为省里、市里做了不少贡献，尽量协调一下。”耿立军说。

“来要房的都是做过贡献的，‘手头没房，愁死娘’啊，你们先回去。”

“回去后，什么时候能分到房子呢？”耿立军问。

“那你写个字，我们回去好向张市长交代啊。”凌徽涛说，“这么回去，市长还以为我们来没来呢。”

局长犹豫了一会，拿出一叠材料，翻了翻，说：“有两套房子，一套在三里街，大，四室一厅；一个在五里井，小些，70 多平方米，是准备给一个老红军干部的，你们回去问问童乃寿要哪一套。”

童乃寿一听，说：“我一个画家，哪有老红军贡献大？大的给老红军，我就选五里井那套，对我来说，够大了。”

从此后，童乃寿搬出那只有8平米，租住了十几年的香椿楼，来到五里井生活了很长一段时间。

离开那天，几个学生来为他搬家，有人抱被子，有人搬凳子，有人背一袋书，像个小小的流浪队伍，脸上洋溢着无限的喜悦。

童乃寿拍了拍香椿树，说："我搬来这后，这棵快枯死的树开始抽新枝，现在枝叶繁茂。离开了，还舍不得呢，每次我从外回来，它枝叶招展，像是在欢迎我，香椿树于我有情啊！"

搬走好一段时间，童乃寿还时不时来到这，看看老邻居，看看香椿树，踏踏吱吱作响的楼梯，那声音似乎来自历史的深处。

1984年，童乃寿在新居画室里勤奋作画。

为了给老三一个良好的教育环境，童乃寿把岳母和老三接过来。岳母照顾孩子上学，他外出写生，埋头画画。

"有机会，把你的爱人也调到合肥，这样你就能全身心画画了。"袁振看到童乃寿绘画条件比原来好，画大幅作品不用再在地上画或者画一截收一截，便说道，"让你爱人在农村劳动的同时，也加强文化学习。"

童乃寿马上说道："袁书记，现在的处境是我做梦都不敢想的，爱人进城，真的不敢想。"

"难道你不希望爱人、小孩都在身边？"

"希望，只是不敢太麻烦组织和领导。"童乃寿一脸真诚。

“也不是麻烦组织，组织也不会无原则办事。1980 年，国家为了解决落实返城知青和精简干部、职工的落户问题，调整了户籍政策，允许技术干部的配偶迁入城市。当然，这是需要指标的。最近，国家户籍政策又有调整，农民可自带口粮落户城市。所以，你的爱人进城，机会是很大的。”

随后，邹爱年被招工进了合肥水泥厂，户口也从农村迁到了城里。

1984 年，童乃寿夫妇与小儿子友和合影。

童乃寿带着感激的心从事创作，佳作不断涌现。作品《岁寒三友图》被安徽美术出版社收入《1986 年安徽年画》并出版。1987 年，作品《峡山一角》赴德国展出；扇面作品《黄山》入选“华东六省一市册页扇面作品联展”，第二年赴香港展出，好评如潮。

写生天柱山

有一种声音在召唤

有一种激情在燃烧

樊建文一直想随老师去天柱山写生。

1984 年 5 月底,新婚的樊建文接到老师通知,收拾行囊去天柱山。

天柱山位于安庆市潜山县,汉武帝刘彻曾在公元 106 年登山封号“南岳”。它的主峰如巨柱擎天。春秋时,此处属皖国封地。天柱山也叫皖山,山下有皖河,安徽简称皖即来源于此。

师徒从合肥出发,坐大巴到野人寨小镇。这里翠岭连绵,溪谷环绕。因为没有开发,去天柱山只得步行了。

师徒二人一路写生,前往天柱山。写生之余,也开些玩笑。当樊建文往深山走去,童乃寿喊他:“不能再走了,小心野人抓你!”

“真有野人?”樊建文有些胆怯。

“当然有,没野人还叫野人寨?”

樊建文赶紧回来。

每当童乃寿不顾一切扒着荆棘往里行走的时候,樊建文会喊:“老师,里面有蛇!”

童乃寿赶紧出来。他什么都不怕，就怕蛇。小时候在老家柘皋，发生过不少人被蛇咬死的事。

“奇峰出奇云，秀木含秀气”，李白用诗歌描绘的天柱山，42 座山峰上遍布苍松、翠竹。山上很少见到游客，偶尔会走过几个背着背篓的当地居民。

师徒登临天柱峰下，只见云雾蒸腾，天柱峰时隐时现，变幻万千。樊建文激动地对着远山大呼，童乃寿则专注地在画稿上写生。

他俩一路东行，来到青龙背。山风呼啸，眼前是空阔的谷地，云雾滚滚，如骏马奔驰。童乃寿步伐矫健，在青龙背上径直朝前走去，如履平地。再往前行，是尽头，是万丈深渊。樊建文赶紧喊住老师，而童乃寿在那头大声回应：“这里视野极好，你过来！”

青龙背两侧是悬崖，樊建文一步一步地来到童乃寿身边，耳畔风声呼呼作响，云海潮水般荡漾。眼前的一切，激荡着他们的心胸。

“老师，你真是胆大。”樊建文感到胆怯。两侧是悬崖，到底有多深？云雾缭绕不可知。

“作为山水画家，要胆大心细，写生是必不可少的功课。写生也充满了危险，多了，就有经验了。”

山上有个招待所，师徒二人一住就是二十来天，白天外出写生，晚上回来创作。

这一天下山，正是中午时分，下起瓢泼大雨。因为雨具渗水，童乃寿浑身湿透了。雨停了，空气十分清新，山里一片澄澈。放眼一望，一条溪流蜿蜒流淌，翠竹中几户人家。

“好一处清净住所。”童乃寿立即拿起稿子写生。

“老师,找个地方换好衣服再写吧。”樊建文说道。

童乃寿似乎没听到,全神贯注地画起来。

当晚,在小镇的旅馆里,童乃寿根据写生稿创作了《天柱山家初夏》。这幅作品后来被收进人民美术出版社为他出版的“大红袍”画集里。

写生回来后,气温一天天升高。

一天,童乃寿与学生高军行走在淮河路,后面有人喊他:“大画家,大画家!”

童乃寿回头一看,画家朱修立正一面吃冰棍一面走过来。童乃寿对高军介绍说:“他才是大画家呢, 1961 年从南京艺术学院毕业后留校任教,后来调到了安徽。”

走进朱修立的工作室,童乃寿和高军看了他新近的青绿山水,境界开阔,笔墨洗练,色彩清雅,对传统的点、线、墨、色,有新的发展,传递着清新、淡远、壮阔的境界和宁静、超然的情怀。

走出画室后,高军问童乃寿:“老师,朱老师的青绿山水看着好看,你怎么不画这样的题材?”

“朱老师功力扎实,有他自家面貌。画画一定要在古人造化基础上,探索出自己的面貌。”

童乃寿埋头创作着天柱山题材的山水画。这天,他正在画画,一个激昂有力的问候声响起:“老师好!”童乃寿抬头一看,一个身穿军装的小伙子立在眼前,原来是弟子沈华堂从部队回来探亲,特意来看他。

“两年不见,帅多了!”童乃寿笑着说道。

沈华堂将一瓶酒放在桌上。

“来看我,我很高兴,带什么酒呢?”

“还有一事求老师呢,我部队领导想请您为部队画一幅画。”

“你领导喜欢我的画?”童乃寿笑了。

“喜欢!”沈华堂说道,“我因为会画画,在部队负责宣传工作呢,许多领导都喜欢我的画,问我跟谁学的,我说同您学的。他们都说:‘你都画这样子了,你老师还得了?’我说是的。这次探亲,他们要求我一定要请您画一幅画。”

“好啊,让你们从四面八方来的军人,都感受黄山的美。”童乃寿说着画了起来。

晚上,师兄师弟们为沈华堂接风,童乃寿也被请去了,师徒一起,济济一堂。

沈华堂满满地敬樊建文一杯:“师兄,老师家的事,你多关照。”

樊建文仰起脖子,一杯酒干了,说道:“这是应该的。你在部队好好锻炼!”

转眼间,国庆节到了。这是新中国成立三十五周年,按照惯例,属于小庆之年。

张建中、郑若泉发起,邀请各位画家国庆这天来到安徽日报社,创作巨幅国画。随后,他们又为合肥饭店创作新画。

位于长江路的长江饭店和合肥饭店,是合肥的标志性建筑,饭店

1984 年，童乃寿作《天柱山家初夏》(90 ×48cm)。

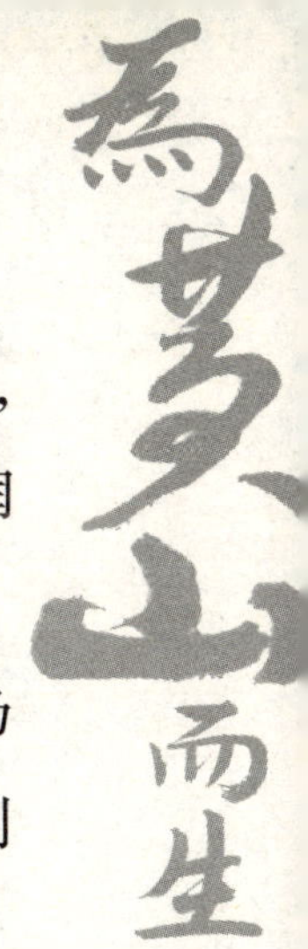

经常请安徽一些著名画家前去创作，丈二的大幅画往往交给童乃寿，他越是画大幅越有激情，一天时间就能画好，笔墨精致老到，勾勒润染更是精彩。

有一次，在安徽工人报社工作的牛耘组织张建中、刘夜烽和童乃寿等人去合肥市公安局搞笔会。笔会结束时，时任公安局办公室副主任的李晓平说："再请童老师给我们局长画一幅。"

"好的。"童乃寿应着，准备画起来。

"局长属虎，请您画张虎。"

大家笑了："你这是给童老师出难题，他是山水高手，没画过虎。"

童乃寿不说话，默默画起来。很快，一只威武的大虎卧在巨石之上，他又画起巨松。

"找个小口瓷盆来。"童乃寿对李晓平说。

他将瓷盆反扣在宣纸上，用笔围着它渲染一番。瓷盆一掀，一幅月夜卧虎图跃然纸上，意境深远。

"想不到，童老师画虎也能画这么好！"

"看光元鲲老先生画过，他是画虎大家啊。"童乃寿平静地说。

"童老师还画油画、水彩画呢。"牛耘介绍。

"呵呵，早年随王碧梧老师学过。"

"乃寿是全才。"张建中说道。

童乃寿画作《十里画廊》(局部之一)

童乃寿画作《十里画廊》(局部之二)

童乃寿画作《十里画廊》(局部之三)

写生张家界

三千座奇峰

激越着艺术的胸膛

八百条秀水

蜿蜒在心田流淌

1986 年,这一年童乃寿几乎都在黄山、皖南写生作画,创作了《桃溪之春》《西海群峰》《万山深处》等作品,其中一部分作品交给黄山艺海对外艺术文化交流中心去出售。这个中心是一个叫方镜亮的人创办,已经成为国外游客经常光顾的地方,大家称作“艺海楼”。

童乃寿画山水,不大喜欢大红大绿。有时兴致来了,也泼墨重彩,画青绿山水。黄山艺海中心的人都说好,要童乃寿多画些,他却不愿意。在童乃寿看来,山水画过于依赖颜色,是搏眼球,耐不住细细品味。

1987 年新年一过,黄山“艺海楼”的方镜亮汇来了一笔钱,童乃寿的几幅作品被美国人买走了。

童乃寿告诉樊建文:“准备准备,五月一道去张家界!”

1982 年 9 月,张家界国家森林公园成为全国第一个国家森林公园。1984年,时任中共中央总书记的胡耀邦到此视察,建议将张家界森林公园以及与之一脉相承的索溪峪、天子山三大风景区命名为“武陵源”。随着电视、报刊的传播,张家界独特的石英砂岩峰林峡壳地貌让人称奇,被人们誉为“大自然的迷宫”。

动身前,樊建文问:“要准备什么?酒要带吧?”

“酒当然要带!我这有几张给市老干部的泸州老窖的优惠券,你去领了,带上。”

张家界位于湘西北与湖北鹤峰县交界,亿万年前的地壳运动,大自然的鬼斧神工,造就了这里独特的神奇和美丽。

他们从合肥先坐大巴,后坐火车,再坐大巴,也只能到已开发的索溪峪。索溪峪有美丽的“十里画廊”之称,十余里的山谷两侧,自然景观极其秀丽。但最美的张家界森林公园还是一片处女地,去那里要步行几十里。

师徒二人先画十里画廊。他们日日穿梭在山岭、溪流之间,白天写生、吟诗,晚上便挥毫创作。局促的桌子上,摆着几粒花生米,一小碟咸菜,两人喝一口酒,往嘴里塞颗花生米,画上一笔。

画完十里画廊后,师徒二人便步行去张家界森林公园。沿途峰回路转,一片神奇绚丽的世界展现在眼前:群峰罗列,形态各异;怪石嶙峋,山花烂漫。“如诗如画啊!”童乃寿感叹。

樊建文正陶醉地欣赏眼前风景,童乃寿忽然往悬崖下一跳,立在悬崖边的一棵松树上,然后趴在那,俯视眼前的峰林,画起来。

“老师,你快上来,这太危险!”他央求道。

“不要紧的,你要知道,悬崖上的松树生命力是极其顽强的,历经多少风雨雷电，这么粗的一棵树，坐一个人不要紧！”

“老师，理是那个理，万一这棵树断了呢，掉下来还有人吗？我怎么向师娘交代啊?!”

见樊建文这么一说，童乃寿便伸出手，让他拉自己回来。樊建文心还在扑扑直跳，双手朝拜，说道：“您啊，求求您，写生可不能玩命啊！难怪您每次上黄山，总是受伤回来。”

童乃寿在地上蹦跳起来：“你看我这身筋骨，多结实，是写生锻炼出来的。山水画家，是艺术家，也是野外考察工作者！”

樊建文看看老师，面色红润，双目炯炯有神，的确是健康、结实，说道：“身体结实不代表没有危险。您再这样，谁还敢陪你写生啊?”

几天后，两人登上袁家界。只见眼前千峰穿云高耸，万顷松杉葱茏，上百座石峰在峡谷中直插蓝天，姿态万千，气势非凡，蔚为壮观。

天空下起了雨，师徒二人在峰林间行走，云雾缭绕，整个山上空寂无人。两人爬上一处高地，俯看眼前，涌现出黄山一般的云海，如同翻滚的波涛。一会儿，雾气渐淡，飘浮在山间，山峰时隐时现。这座山峰露出，那座山峰又隐藏。山地清风一吹，雾气上冲，下面一个清朗世间，上面一个云雾仙境。

再美的景致也禁不住肚子叫饿，两人好不容易按路人指点来到一个小镇。这里没有酒馆，只有一家供销社的食堂对外卖饭菜。两人赶到时，菜没有了，只有点剩饭和几根辣椒。

就着一点剩饭，师徒二人对饮，一瓶酒很快喝干了。樊建文摇了摇瓶子，说：“光了，带来的酒全光了，接下来的日子怎么办?”

童乃寿咂咂嘴，回味悠长，说道：“我打听清楚了，当地有湘酒卖。”

接下来的几天，师徒二人天天去一对夫妻开的饭店吃饭、喝湘酒。

当地没有旅馆，只有供销社有几间房子对外开放。他们住的房子，地板烂了个大洞。

“这房子太破，没法画画啊。”樊建文叹道。

“先写生，回去再创作。”

“这屋子又潮又霉，只能凑合住。地板烂了，万一有蛇怎么办?”

一句话提醒了童乃寿，他外出写生，豺狼虎豹都不怕，就怕蛇。童乃寿看了看，将床头柜立了过来，堵住烂洞，才敢入睡。

按照计划，他们下一站去桂林。临出发时，童乃寿让樊建文带上几瓶湘酒。

桂林山水很美，童乃寿看得高兴，画得高兴，酒更是喝得尽兴。

“在这里再待上几天，蚊子都醉了。”两人离开桂林去洞庭湖的时候，樊建文打趣道。

童乃寿则叮嘱他，上火车前，再买些酒和豆腐乳。

夜色中，火车“哐哐”行驶。由于太困，樊建文睡着了。童乃寿却睡不着，独自饮酒，遐想着外面的风景。

到岳阳的时候，樊建文醒了，一看，一瓶酒居然喝光了。他不得不感慨，老师真是酒中仙，酒与画对他的重要，一如酒与诗对于李白的重要。

写生回来后不久，安徽省政协邀请画家笔会，晚上设宴，童乃寿与黄叶村、葛介屏坐在一起。

文人相聚，兴致自然极高。几杯酒下肚后，大家纷纷朗读自己的诗作，童乃寿读了一首山水诗后，在热烈气氛中，大家又推举陶天月朗读。

因为安徽省书协首任秘书长黄宁去世，赖少其把陶天月从省美协调到书协，担任副主席兼秘书长，主持书协工作。陶天月为人豪爽，醉醺醺地站了起来，从口袋里掏出一张纸，笑眯眯地说："你们都念古诗，我念首现代诗。"

"好啊！"大家鼓掌。

童乃寿(左)与陶天月一起讨论绘画创作。

陶天月操着合肥普通话，抑扬顿挫地朗诵起来："……酒哇，使聪明的人更聪明，使愚蠢的人更愚蠢……"

"想不到你还会作现代诗。"

“不是我的，是艾青的《酒》，但代表我的心声！”陶天月说道。

童乃寿兴致极高地与大家喝酒，一口一杯，真诚坦荡。大家都打趣：“酒，使聪明的人更聪明，看，乃寿会喝酒，画也越来越好！”

从不喝酒的黄叶村也受了感染，对童乃寿说道：“你的画画得那么好，我就不画画，为你写幅字。”说罢，展纸提笔，一挥而就。

“童公酒后画千幅。”

“好字好文！”徐永万说道，“把乃寿的性格和才情都写出来了。”

“这一句话，不认识乃寿的人也能想象他的神态了。”耿立军说道。

“我也来为你写一幅。”葛介屏说罢，来到旁边的笔墨桌前，铺纸调墨。众人离席观看。

葛介屏的书画、金石篆刻、诗词和文物鉴定都是成绩卓绝，书法上他对梁闻山、邓石如、包世臣诸家领悟尤深。只见他用大钟文写下

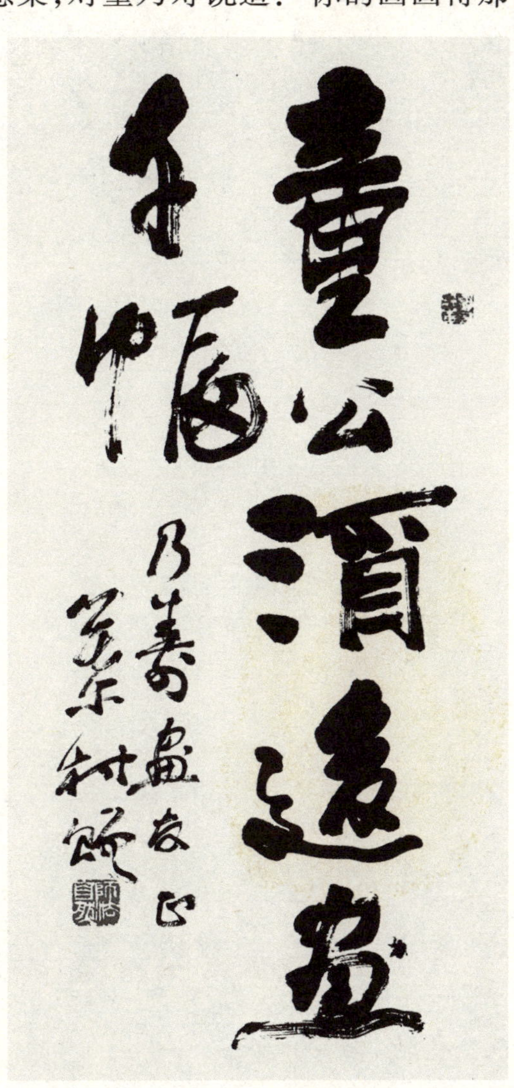

黄叶村题——“童公酒后画千幅”

“我得一樽怀我友”,质朴苍劲,严谨端庄。

“今天,你童乃寿收获最大。”大家纷纷说道。

“我的酒喝得最多,表现最出色!”童乃寿自豪地说,端起酒杯又开始打一圈。

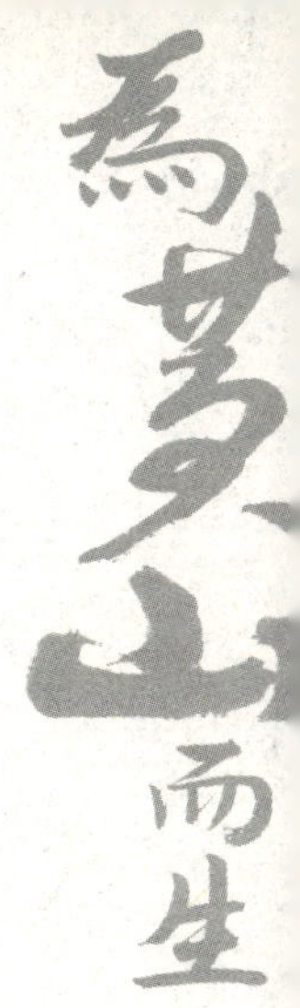

送　别

空余一腔思念

如同今夜月色

1987 年，经中央批准，袁振从安徽省顾问委员会顾问的岗位上离职去北京休养。老领导要走，许多部下和故交都去送行。

童乃寿想去送行，但转念一想，这几天去看望老领导的肯定多，过几天自己再去。一个傍晚，袁振来到他的家，说道："乃寿，我要去北京休养，岁月不饶人，今年七十啦！"

"我是真舍不得您离开合肥，也没法表达对您的敬仰，能不能请您小酌？"

"我不能喝酒啦，但你的盛情我一定记住。今晚，你我二人，叙叙旧，交流交流画艺。"

一弯新月，清辉如水。

几样小菜上来后，童乃寿站了起来，举起酒杯说道："袁书记，我感谢这么多年来，您对我的照顾，我先敬您三杯。"说完，三满杯酒，杯杯往喉咙中间倒。

童乃寿坐定，袁振说道："乃寿，你不要谢我。我对你也说不上帮助，你调到书画院，解决了住房，老婆孩子进了城，都是你自己努力的结果，是你为安徽、为合肥美术事业做出了贡献应得的报酬。在你看来的帮助，其实都是符合政策、符合程序的，这也是政府应该做的。政府的工作是什么？在我看来，就是服务，通过政府的服务，使各行各业兴旺起来，使各种人才成长起来。对你这样的人才，政府应该创造条件让你成长。我们党，从新中国成立之初就提出要弘扬优秀的民族文化。哪些属于优秀的民族文化？没有明确界定，但不管怎样，书画艺术肯定是的，它滋养了我们整个民族，慰藉了我们的心灵。"

袁振停顿了一会，继续说："新安画派之后，安徽为什么没有出现画坛巨擘？韩美林去北京了。赖老开创了新徽版画，担任省政协副主席期间，也推动了安徽美术事业的发展，他自 1959 年 2 月任安徽省委宣传部副部长兼文联主席起，在安徽生活了近三十年，为什么在去年要求调回老家广州？他内心是迷恋安徽文化、迷恋黄山的啊！为什么呢？"

童乃寿摆了摆头。他只是埋头画画，没去思考这些问题。

"我们政府部门的服务意识还不够！"袁振说，"安徽文化底蕴深厚，又有大山名川的熏陶，如何才能再次涌现渐江、黄宾虹一样的画家？仅仅靠画家个人的努力是不够的，大气候、大环境得养人，压制、忌妒、排斥，这是不应该有的。当然解决这些问题不是一两个领导能做到的，需要政策、措施。我们目前要解决许多问题，百姓的肚子吃饱、衣服穿暖、物质丰富了，就应该解决精神生活、解决艺术上的问题。相信，这个问题会得到重视，会解决的。

"当然，人都是有自己朋友的，从私的角度讲，我是很看重你这个朋友的，你也是很看重我的。所以，我去北京看望老战友、老同学，都

请你画画，他们都很喜欢你的画。”要离开合肥，袁振觉得难舍，难舍这里的朋友，难舍这里熟悉的一切。

两人推心置腹聊了很久。当晚回到家，童乃寿彻夜难眠，黄山的巍峨气象在他胸中不断涌现，他挥毫创作了心灵中的《黄山烟云》。

“袁书记对我寄予厚望，深信我的山水画能比肩美术史上画黄山的大家，我能吗?”童乃寿仔细端详着自己的作品，感觉心中许多感受还没有传达出来，心灵的飞扬与笔墨的行走还没完全统一，他将画稿扔进废纸篓。他告诫自己，一定要认真对待每一幅作品，认真画好每一张画。

十几年后的一个初秋，丹桂飘香。童乃寿想起这次的交谈，想起这晚构思的《黄山烟云》，他重新铺纸挥毫，淋漓尽致地表达出了黄山烟云的变幻无穷，这幅作品被国务院中南海紫光阁收藏。

黄山脚下

艺术灵感是痛苦开出的花
生命的流光
在责任与担当中闪烁光芒

当历史的车轮迈入20世纪90年代的时候，一股商业大潮浩荡而来，国家开始步入市场经济轨道。

一股思想解放的潮流席卷全国，引起了社会的巨大变革。深圳由一个偏僻的渔村，在改革的春潮中迅速崛起为现代化大都市，高楼林立，宽阔马路上车子川流不息。

与此同时，社会上"脑体倒挂"现象日益严重。卖茶叶蛋的一个月能挣到一千元，而一个从事原子弹研究的科学家月薪才五六百元，外加特殊津贴也就六七百。社会上便出现了"拿手术刀的不如拿剃头刀的""搞导弹的不如卖茶叶蛋的"的论调。

当时许多人，包括政府官员，纷纷辞职下海，拥向南方。当初一些心怀艺术理想的绘画青年，也放下画笔做起了生意。这其中，许多人是黄山书画院的学员，包括童乃寿的亲授弟子。

一些成名画家也前往南方，因为那里经济活跃，作品好换银子。童乃寿不理会这些，也拒绝别人邀请他南下，他只沉浸在自己的绘画天地里，能喂饱肚子就足够了，其他的别无所求。

童乃寿一直在探寻自己的笔墨精神，一直以黄山为创作母题，不为时风而动。早些年，艺术界批判黄宾虹，他则认真研究黄宾虹的用笔、用墨，当时代高高捧起黄宾虹的时候，他对黄宾虹的笔墨又有所保留；“文革”期间，画家们都在画工农兵，他偷偷画山水；赖少其带领师松龄、陶天月、郑震等一批艺术家，开创了新徽版画，他还是坚持自己的水墨黄山。

童乃寿一生钟爱黄山，其中最爱黄山的朝晖和松涛。

老二友辅中学毕业了，该给孩子找个事做。做什么呢？友辅不喜欢画画，童乃寿清楚，他为人老实，也不适合做生意，便准备让他参军。

友辅通过了体检，可是，临到新兵出发时，他不愿意去了。

亲朋好友轮番做工作,他终于答应去。可是,新兵都入营一个月了,哪能想去就去?

没有办法,高军找到相关人员,把情况说清楚,也因为友辅身体条件好,部队让他赶紧到蚌埠报到。

樊建文找到在农机公司的朋友葛子和,连夜开飞虎车送友辅去报到。开着开着,童乃寿问樊建文:“怎么车后面有一个火球?”

樊建文停车一看,车子油箱掉在地上了。

他们把油箱捡起来继续开,看到路上一个修理厂,便停车修理。修车师傅一看,说:“你们胆子太大了,万一爆炸,你们都没命了。”

送友辅回来,正是八一建军节。阳台上月季花开了,童乃寿高兴地喊老三友和:“你快来看,你二哥参军,月季开成五角星,鲜艳的五角星,好兆头啊!”

接下来,童乃寿准备与弟子樊建文一道上黄山,走遍每一处山峦,从深秋画到寒冬。

这一年冬天,黄山地区格外严寒。童乃寿与樊建文开始住在桃源宾馆,后来搬到黄山宾馆。

因为大雪封山,没有旅客,偌大一个宾馆只有师徒二人入住,倒也清静自在,能潜心创作。只要山道上的雪铲掉了,能上多远,他们就上多远,写生雪后黄山。

两人已经在这住几个月了。这期间创作了一批精品,交给了方镜亮,在艺海楼里,童乃寿的作品走得最多,也最快。因而,方镜亮每隔一段时间便打款给他,也催他画一批画。

黄山宾馆旁有家山民开的小饭馆,干净舒适,野菜、野味来自山林，饮水来自山泉，吃起来齿颊生香。师徒二人每天在这里用餐、喝酒。有时还要带酒去宾馆，准备画画时饮用。

这一晚，画完画已是深夜。樊建文将桌子拉到窗边，摆上小菜，给杯子满上酒。童乃寿将手擦了擦，走过来与弟子对饮。香烟也是你一根我一根地对吹起来，屋内烟雾弥漫。

樊建文咳嗽几声，打开窗户。世界沉浸在一片寂静之中，耳畔是山泉清响。天上一轮孤月清辉洒下来，山峦在月的清辉中时隐时现。童乃寿诗兴大发，说道："建文，我即兴一诗，你听听如何？"说罢吟诵起来——

云横翠岭青山外，
红瓦飞檐帝王家。
夜深举樽邀孤月，
清辉入梦满山花。

"我不懂诗，但感觉好听。"

"画山水画对学养的要求极高，当初童雪鸿、懒悟、萧龙士等老师都要求我写诗。这首诗的意境是有了，音律我还要回去仔细斟酌。上两句是白天我俩下山时所见情景，这黄山宾馆掩映在山峦间，红瓦飞檐，富丽堂皇，仿佛是白云深处的帝王之家。下两句，是此刻饮酒的情形，天上一轮孤月，清辉如水，此情此景正好入梦，梦里漫山遍野，山花烂漫。"

"老师，现在是冬天啊，哪有山花？"

“文学与画画，都讲究虚实相生。要有写实主义精神，也要有浪漫主义情怀，让人感觉不到雪的寒冷。”

樊建文听后深受启发。

童乃寿睡下后，却仍在构思诗句。第二天一早，童乃寿给作品题款，将《题黄山宾馆》一诗题在画上。

接下来的几天，天气晴好，开始有游客上来了。

这一天，童乃寿正在画画，方镜亮带着几位客人走进来，远远喊道：“童老师，几位客人看了你的画，还要看你这个人。”

童乃寿朝客人点点头，一面画画，一面调侃地说：“吃了鸡蛋，也想看看下蛋的母鸡？”

客人们笑了，纷纷说道：“画得太好了，我们想看看你怎么画出的。”

“我想看看你的手。”

童乃寿将手伸在空中。

“这手就是不一样嘛，你们看看，多细多长。”一位客人说。

“怎么一股酒味？”一位女客人嗅了嗅。

“这里，这里有酒杯。”

“他一面画画，一面喝酒，真是酒仙。”

“今天晚上我请童老师喝酒，可赏脸？”

方镜亮介绍说：“这是胡老板，从台湾来的。看了你的画，很激动，一面墙的画他全要了，指名还要你的画。”

童乃寿一听，着意打量一下这位胡老板，只见他气度不凡，穿着甚是讲究，有一股儒雅之气，便说道：“方总的朋友，就是我的朋友，晚

上一起聊聊。”

当晚,因画结缘,一群人很快相识。胡老板不断询问童乃寿的成长经历,童乃寿则向他打听台湾的风土人情。两个人开怀痛饮,滴滴不漏地相互敬酒。

胡老板临走时,还订了一批画。童乃寿便抓紧时间创作,争取在年前完成任务。

这一天,又有人走了进来,是一位身材高挑的女子,二十七八岁,洋溢着青春活力和成熟女性的风韵。

她款款走了进来,婉转地喊着:“童老师好!”

童乃寿正在埋头创作,听到喊声,抬头一看,眼前一位女士正微笑着看他,明亮的大眼睛里蓄满热烈的光芒。

“你好!”童乃寿习惯性地回一句。

“我看了你的画,也看了你的诗,画好诗也好。诗里有画,画里有诗。”

“老师,她赞美你像王维一样。”樊建文打趣道。

女子笑了,说:“我是真诚的,是我内心的感受。画黄山的画我看了很多,能打动我的只有童老师的画。你的字也好,要是专门写字,绝对是一位书法家!”

接下来的几天,这位女子每天都来看童乃寿作画,与他交谈。女子叫秦娴(化名),是土生土长的徽州人,喜爱画画和写诗。

有一天,樊建文待秦娴走了,对童乃寿说:“老师,你可觉得有异常?”

“什么异常?”

“秦娴看你的眼光很特别,不是有意思吧?”

“你瞎扯什么?我都小老头了。”

“感情这东西与年龄没有大关系。宋庆龄还嫁孙中山呢。我年轻吧,她很少与我说话,专找你聊!又是打听你的家庭,还请你看她写的诗。”

童乃寿听了,沉思不语。随后说:“你别瞎猜,曲解了人家,别坏了一个姑娘的名声。”

“但愿我曲解了。”

第二天,秦娴又来了,拿了一首写好的诗,请童乃寿给她修改。

“我是个画画的,哪懂诗?你去请懂诗的看吧!”童乃寿头也不抬,淡淡地说道。

秦娴生气地走了。

接下来的两天,秦娴没有来。

第二天晚上,樊建文又与老师对饮。饮到一半,他说:“老师,秦娴今天找我了。”

“那是你的事。不过,老师警告你,你可是结过婚的人啊,一个画家,首先是人品,其次是艺品!”

“老师说哪去了,她托我与你说,收她为徒,她想跟你画黄山。”

“不行!”

“她说的很真诚,眼泪都掉了。”

“那更不行!”

“这是为什么?你不是也有女弟子吗?王仁华、胡礼惠都是女的,你怎么收了?”

“她们是真心学艺。”

“秦娴说她也是真心学艺。”

“她就是真心,我也不能收。”

樊建文不说话。

童乃寿停了一会,说:“你师娘,当初不少人追她,她选择了我。我当初是什么人? 一无所有,她一个人带三个孩子,吃了多少苦?!”

说完,他也不说了。师徒喝酒,吃咸牛肉、花生米。

房间只有咂嘴的声音。

窗外,泉声依旧。

窗外,明月依旧。

童乃寿点上一支烟,烟雾升腾。

“收拾行李!”童乃寿忽然灭掉手上的烟,说道,“明天一早回去。”

“不是说画到腊月二十八回去过年吗?”

“早点回去,准备准备,给老婆孩子过个好年,过一个幸福年。羊年将逝,猴年来了。”童乃寿提高声音朗诵,“金猴奋起千钧棒,玉宇澄清万里埃。”

参展美国

行走在自己的道路上
骑士一般
我的世界只有一个方向

1993年，中国美协组织全国首届山水画展。这是美术界的大事，全国著名的山水画家几乎都参与了。

1992年，童乃寿在首届中国山水画展上，
身后是被中南海紫光阁收藏的《黄山烟云》。

新任合肥美协副主席的童乃寿受邀请创作了一幅丈二的《黄山烟云》参展。在展出的三百余幅作品中,《黄山烟云》以特殊气势和独特的笔墨内涵赢得了吴作人等中国美协领导的赞赏,大家纷纷驻足在他作品前,赞叹不已。

展览后,中国美协将这幅作品推荐给国务院中南海紫光阁收藏。第二年,童乃寿收到中国美协通知,作品《黄山烟云》作为中国山水画精品赴美国参展。

展览第一天,作品就被人买走了,接下来其他国家和地区还要参展啊。中国美协给童乃寿寄了一万元,打电话给他,让他赶快创作一幅同样的作品寄过去,展后还要给紫光阁收藏。

弟子樊建文很激动:"老师,您一幅画卖了这么多钱,一下子成了万元户了。您准备怎么办呢?"

"准备把家装修一下,再留一部分我们出去写生。"童乃寿说,"天道酬勤,你要多努力啊!"

"是的。听说卖了十万美元,这堆在一起,有多少啊,他们怎么只打一万呢?"

"去美国展览,漂洋过海,不要费用?我们要理解、支持美协工作。"

童乃寿凭着记忆连夜创作,画面上松树虬龙一般,巍峨刚健。

画好后,他让樊建文把画从邮局寄了出去。

其实,几年前童乃寿就受到邀请,送作品去美国参展。

夏威夷大学的一位女教授,与著名女画家潘玉良同是上海美专的同学。她在黄山艺海楼看到童乃寿的黄山画后很激动,辗转打电话给童乃寿，联合国教科文组织在美国举办一个展览，她是筹划人员之一，邀请他参展。

童乃寿很乐意把黄山神韵通过自己的画笔介绍到美国。他创作了一幅气势宏大的黄山图，让学生高军按照对方说的地址寄了出去。

一个月后，作品被退了回来。原来，地址书写格式不对，邮寄不了。

20 世纪 90 年代，童乃寿在作画。

经济发展，逐步推动了艺术品市场发展。在合肥，不少画家开始为自己标榜润格，公开售画。

童乃寿认同好友陶天月的观点：一个由国家财政供养的书画家，要有社会责任感，为人民创作，不能心中只有金钱，成为金钱奴仆。让自己的艺术为大众欣赏，就得藏字画于民。

正因为这样的认识，有人请童乃寿作画，他都乐意画。给不给润笔费，给多给少，他不计较。他计较的是对方是不是真心喜欢他的

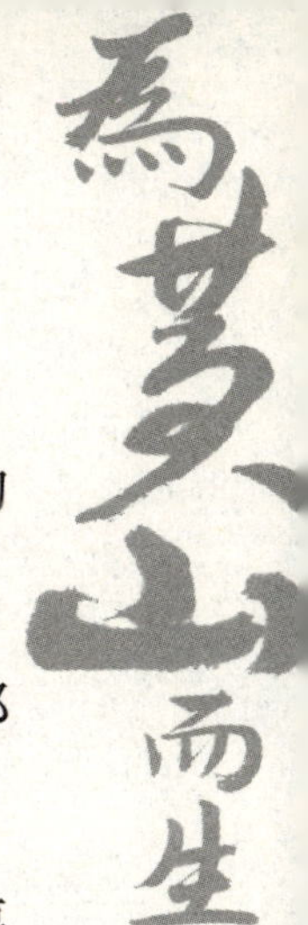

作品。

圈内有人不高兴了，他们认为童乃寿是公认的山水画名家，他的作品润格不上去，就等于压死了其他人的价格。

于是，有人说他闲话、贬低他，甚至，安徽省内相关的美术活动都不通知他参加。

学生们为老师愤愤不平，纷纷说：“老师，你不能沉默，要出声，要表态。”

童乃寿笑了，平静地告诉弟子们：“一个艺术家是由作品说话，要为人民而创作，为喜欢你作品的人而创作。计较名和利，分散精力，怎能成为好画家？唯利是图，是背着艺术名的商人，是欺世盗名！当初萧龙士老人被选为省美协副主席，开会请他坐主席台都不坐，他说一个画家就要以纯粹之心去画画。

“名和利是画外的东西。李白写诗，他只尊重自己的心性和艺术才情，如果他整日想着要成为中国最好的诗人，想着几百几千年后人人读他的诗，他能写好诗？你们记着，攻击别人、贬低别人的人是行走不了多远的，那是艺术的小人和流氓！”

许多人以友情的名义请他作画，再将作品高价出售。经过妻子劝说，童乃寿也让老三在合肥裕丰花市开了个画廊，一切随孩子们去打理。

他只是沉浸在自己的艺术世界里，与黄山对话，做黄山知音。

陶天月也一样，他原本主张藏画于民，结果涌进家门的人络绎不绝。他从早写到晚，应付不过来，也只得收些润笔费，挡住那些以喜欢艺术之名牟利者的脚步。

出访日本

胸有千山万壑

神定自若

人间四月天，春光无限。

日本国土上，樱花开放，一团团、一簇簇，白色、淡红色、深红色，妩媚动人，处处是一片吉祥与喜庆。

童乃寿作为合肥市访问团成员来到了日本久留米市，进行中日文化艺术交流活动。

早在1979年国庆，日本久留米市市长近见敏之致函时任合肥市市长的魏安民，希望与合肥建立友好城市。第二年，近见敏之率友好团访问合肥，安徽省省长张劲夫会见接待了他。随后，合肥市与久留米市正式结为友好城市。

日本喜爱中国书画艺术，久留米更是一座崇尚艺术的城市。结为友好城市后，两地艺术交流非常频繁，久留米有意向由两地政府共同出资建造一座标志着两地友谊的建筑。

建一座标志性建筑当然好，可是，建什么呢？

合肥的画家们一听，都说久留米是一个喜爱艺术的城市，建一座美术馆吧。

“对啊，我们书画院都成立这么久了，还没一个像样的办公场所，裴院长的办公室都成画院办公室了。”周彬说。

于是，裴家同以合肥美术家协会主席、合肥书画院院长的双重身份打报告给市政府，希望建一座美术馆。

久留米市很赞成建美术馆。1990 年 5 月，两市提出共同出资建一座象征友谊的美术馆。

1992 年 5 月 12 日，合肥久留米美术馆揭牌，它坐落在风景秀丽的逍遥津湖畔，总面积近五亩。揭牌的同时也举办了书画精品展，郭公达、裴家同、王守志、周彬、陶天月、郑若泉、童乃寿等一批书画名家都应邀参展。

久留米时任市长谷口久参加了揭牌仪式。在精品展上，谷口久对童乃寿的山水画赞不绝口，一面看一面对合肥市市长钟咏三说道：“山川迷蒙、烟云吞吐，气势磅礴，画得太好了！”他希望童乃寿能去日本从事文化交流活动。

久留米市非常重视安徽书画家的到来，举行了热烈的欢迎仪式，市长在致词中说：“这次从我们友好城市合肥来的四位书画家，带来了合肥人民的友情与问候。此时，正是樱花盛开的季节，樱花的花语是命、是幸福、是一生一世永不放弃。我相信，他们的到来会给我们这座城市带来艺术的享受与交流的快乐！”

接下来的几天，是书画艺术交流活动。

王守志表演篆刻，只见刻刀在他手上随意挥动，不一会儿，一枚印章刻好了，引起一阵赞叹。

轮到童乃寿作画，他不慌不忙地拿起毛笔，在大幅画纸上一阵渲

1994 年，童乃寿在日本现场作画。

染，随后勾勒岩石、松树，很快，一幅黄山图画好了。画面上山峦雄伟、云雾缭绕，浓淡、虚实、气蒸、方圆、里白互相穿插、转换，极具韵律与节奏。

“太美了，有这么美的地方吗？”

“有！”童乃寿自豪地说，“画中就是我们安徽的黄山。”

“黄山真是太美了，你画得太好了！”

当晚的招待宴会上，日本友人带着无限敬仰的心情频频向童乃寿敬酒，他来者不拒，一种民族自豪感油然而生。

消息很快传出，日本画家都来到久留米，邀请童乃寿再次画画。

童乃寿再一次现场作画，那份镇定自若的神态，那种胸有千山万壑的气度，那种下笔有神的功力，彻底征服了日本的艺术家，他们纷

纷赞叹说:“山水在中国安徽,山水画在中国安徽!”

一位老艺术家特地邀请王守志和童乃寿去他家做客,他知道童乃寿酒量好,特地邀请一位“关西大酒豪”来陪酒。

他们谈诗论道,说风土人情。当喝酒喝到了高潮时,日本的“大酒豪”要和童乃寿比试酒量。

“比就比啊。”童乃寿笑了。

连喝了几瓶日本清酒,童乃寿觉得不过瘾,说:“这酒度数太低,喝起来寡淡,没味道。”说罢,从包里拿了一瓶口子窖来,“还是喝这个有味道,我们中国的,安徽的。”

王守志很惊讶,问道:“在日本,哪来的安徽口子窖酒?”

“我怕喝不惯日本酒,上飞机时在行李里塞了两瓶。”童乃寿呵呵地笑道。

半斤口子窖还没喝完,“大酒豪”一头就仆倒在榻榻米上了,童乃寿独自一人把剩下的半斤喝完了。

喝完酒一看,王守志正现场治印答谢人家的邀请,于是童乃寿捋捋袖子,画了幅寒梅表示谢意。

随后,这幅作品刊登在日本的《西部日报》上。也在这一年,童乃寿的六条屏巨作《黄山西海群峰烟云景观》在东京的中日友好会馆展出,反响热烈,有位收藏家出 20 万人民币购买,但组织活动的文化交流外事部门不让展览作品出售,没有买成。

从日本回来不久,童乃寿的父亲去世了。童乃寿含着泪为父亲办理完丧事,他独自坐在画室,泪水默默地流淌。自从母亲去世后,朴实的父亲为儿子的成长操碎了心,如今,老人家走了,去了另一个世界,他才感觉到自己以前只顾着单纯地追求画艺,很少陪老人家聊过天,很少问过寒和暖。可是,老人家从没说过什么,他理解儿子,他理解儿子像一只骆驼,跋涉在茫茫大漠,路一直在前方,绿洲会在前方。

第七章　变革笔墨

住　院

激情中一击
手中笔墨在颤抖

画家张松的展览在南京举办，童乃寿和陶天月、郑若泉、季学今、方见尘等艺术家受邀参加展览。

1995 年，童乃寿在南京军区司令部作画。

展览后，大家应邀到南京军区作画。现场交流很成功，南京军区领导设酒席招待安徽书画家一行，同时邀请了南京的书画大家陈大羽、赵绪成等人参加。

军区政委方祖岐很是欣赏童乃寿山水画中的传统功力，他将题款的画册送给童乃寿。政治部主任温宗良是巢湖人，见到童乃寿更是亲切。

吃饭时，童乃寿与陈大羽坐在一起喝酒。听说童乃寿酒量大，陈大羽指着赵绪成介绍道："他酒量大，人称'赵三杯'，三大杯，茶杯！"

赵绪成兴致很高，站起来向安徽画家挑战。陶天月指指童乃寿，说道："别小看我们安徽，我们这里也有一个'酒'大代表，画黄山一绝，更是酒仙。"

童乃寿站了起来，让服务员斟满三玻璃杯白酒，他一饮而尽，面不改色。

赵绪成坐了下去，叹道："真是酒仙！"

童乃寿酒量好，画起画来，大家说与宋文治有得一拼。宋文治已经75岁了，大家便称童乃寿为"小宋文治"。

因为有些积蓄，从南京回来后，童乃寿与妻子商量，把房子装修一下。

装修工进来了，刷漆、装家具，轰轰烈烈。

装修影响画画，童乃寿内心很急。刚装好，他便搬了进去。有了新的画案，他豪情满怀，喜欢起泼墨画，泼墨黄山、泼墨花卉，还一度给自己的画室取名泼墨斋，并有"泼墨斋主人"印章一枚。

有一次，高军看到老师的泼墨黄山，丹青润染，视觉冲击力极强，赞道："老师，你这幅作品与张大千的泼墨黄山没有区别啊，一样的笔墨与神韵。"

童乃寿咳嗽两声，没有说话。他心中在思考，怎样走出一条属于自己路呢？是啊，泼墨黄山，有张大千在前，自己能超越他吗？

这时期，部队、公安系统经常请他去慰问创作，创作完免不了喝酒。童乃寿通常是醉醺醺回家，回到家继续画画。

童乃寿与妻子邹爱年合影。

有一天早晨起来，童乃寿发现自己脖子上长了一个包，他没在意，照常画自己的画，喝自己的酒，抽自己的烟。过几天，包长大了，竟然连吞咽东西都不适，鼻腔也感到疼痛。

邹爱年很担心，催他去医院检查。因为画院组织创作，童乃寿伸伸脖子，说道："没事的，过几天不好再去看。"

一天深夜，童乃寿仍在作画，忽然感到全身乏力，一阵眩晕，人倒在地上。

妻子邹爱年在睡梦中听到声音，感觉不对，起床一看，丈夫倒在地上，人事不知。她赶紧喊醒儿子们，连夜把童乃寿送到一〇五医院。

邹爱年双腿颤抖，默默为丈夫祈祷。

弟子高军找到了医院有名的肿瘤专家梅伟特（化名）。

梅伟特年纪较大，戴着眼镜做切片检查。结果出来后，一个晴天霹雳——癌症晚期。

邹爱年听到这个消息，顿时瘫倒在地，泪水在眼中滚动许久，忍不住哭出声："老头子，画画你吃了多少苦？这日子刚刚好，你却得了这个病。这是造了什么孽啊？"

再痛苦，也得强忍住，不让丈夫知道。

童乃寿怎不知道？脖子上长了一个瘤，来之前，自己心里就打鼓呢，一看妻子的表情，他什么都明白了。只是，他内心多么不甘啊，奋斗了一辈子，刚刚看到曙光，却是阴霾从天而降。与自己相濡以沫的妻子怎么办？孩子们怎么办？更主要的是，艺术上，还没有实现自己的理想。

癌症就得当癌症去治啊，童乃寿因为有个同学在安徽省立医院，便转了过来。

专家梅伟特的结论都出来了，他的同学一看，说："癌症晚期，放疗吧。"

放疗一段时间，不见好转，童乃寿仍然是呼吸困难、鼻腔疼痛。医生便加重了治疗。

一段时间后，童乃寿头发掉了，牙松了，人也瘦了，病情还是老样子。医生说："再放疗下去也是费钱，让他过一天是一天吧。"

"那不是等死吗？"邹爱年哭着问医生。

"只能这样，这种病，你们也知道，尤其是晚期，等于是下了判决书，你们好好照顾他吧，想吃点什么弄点什么。"

"他对我说想吃酒呢。"

"酒是不能吃的，那是加速他死亡。"

医生等于放弃了治疗。童乃寿被转到另一家医院，住进一间破旧的病房，他天天待在里面，心想，麦子黄时，自己也该走了。

麦子黄了，他还是老样子。妻子给他弄什么吃的，就吃什么，尤其是甲鱼，听说能治癌症，更是吃了不少。

嘱　托

历数生命点滴

唯有感激而泣

气温一天天升高。

医院后面是一片荒地,居民将垃圾倒在那,滋生的蚊虫格外多。

病房没有窗纱,窗户破败不堪。蚊虫咬得人没法入睡。

邹爱年对护士说:“你们这窗户能不能修一修,安个窗纱什么的。”

护士看了她一眼,感到奇怪,说:“这病房一直是这样啊。”

“病人怎么住啊?”

“就这样住,一直都是这样住下来的。”护士淡淡地说道。

“就没人提一下?”

“没,谁有心思提蚊子?”

邹爱年一阵心酸,住在这样病房里都是等死,有谁在乎蚊子?

但童乃寿在乎。躺在病床上,他还在想着黄山的烟云,想着笔墨创新。蚊子多了,咬得人难以安宁,思考总被打断。

邹爱年知道找医生、护士没用,便买来纱窗,喊来童乃寿的学生高军把窗纱钉了上去。

孩子们忙，只能分头来探望。有一天，刚从部队退伍回来的老二友辅来看他，聊着聊着，说："爸爸，你那时要是做剃头匠就好了，就不会得这病。"

"怎么讲？画画和剃头不都一样，与得病有什么关系？"

"不一样，你剃头就没人请你喝酒，不喝酒就不会得这个病。"

"我从不后悔画画。我这一生，除了画画，其他事都不会，连洗衣、做饭都不会，你妈没来合肥前，我是能怎样简单就怎样过。你妈来合肥后，一切家务是她揽下了，所以，我很感谢她。"

童乃寿让妻子把孩子们都叫到医院。他坐在床上，说："我也清楚，过一天是一天，这样折腾你们，我很愧疚，其实我巴不得早一天……"

"爸，您别这样说，家里不能没您。"老三友和打断爸爸的话，哭着安慰他，"您没事的，医生说了。"

"医生都把我安排到这个鬼地方，还没事？我清楚得很。喊你们来，是交代几件事，万一我睡过去，来不及。"

他这一说，一家人都哭了起来。老三擦擦眼泪："爸，您说，就算我们一家人谈心、聊天。"

"我画的那些画，你们要好好留着，那是我心血的结晶，从 1958 年独自一人来合肥拜童雪鸿先生为师，四十多年，我为画画，为画黄山，付出了全部心血，有欣慰，有遗憾。唉，梦里都是黄山，不知什么时候能再上黄山。"

"爸爸，我们弟兄三人，抬也要抬您再上一次黄山！"弟兄三人一起说道。

童乃寿笑了，对妻子说："看，儿子多好！你还常说三个小子中哪个是女孩就好了，女孩能抬我上黄山？不过，不需要麻烦你们了，黄山的千山万壑都在我心中，闭上眼睛我就能游黄山的，心在游黄山了。"

"爸，您累了，喝点水吧。"老大为他递过水杯。

喝了几口水，童乃寿继续说："你妈妈，年轻时许多人追啊，她选了我，吃了不少苦。我很愧疚，你们要孝顺她。"

"自己的亲娘，我们怎会不孝顺呢。"儿子们都承诺。

"我这一辈子，成就不大，但帮助过我的人不少。你们要替我记着，有能力报答就报答，没能力报答也要记在心里。"

"哪些人，爸爸？"孩子们说，"我们一定记着。"

"这第一个是袁振书记。虽然说我进画院、分房子、你们进城都符合程序，但没袁书记是不行的，至少会晚几年。袁书记捎过许多次信，让我去北京看看，还托孔小瑜先生的二公子孔仲起捎信，可惜，我一直没有成行。你们去北京，要代我去看看他。他北京的家挂的也是我的画，那是真友情啊！

"裴家同伯伯你们要记着。我刚来合肥，穷得买不起宣纸，他不但帮助我，还请我参加许多活动。

"我的许多朋友，郭公达陪我看医生，陶天月与我话人生，张建中同我切磋技艺，周彬与我谈诗词，凌徽涛、耿立军为我跑房子，周友林担任蜀山区文化局局长期间经常邀请我参加活动……

"还有我老师一辈的人，我一直感恩在怀。除了领我入门的柳远宏、舒荫黎，还有童雪鸿、孔小瑜、张君逸、王石岑、王碧梧、方济众、应野平，包括萧龙士老人、懒悟师父……”一个个师长，一位位同道，在童乃寿脑中浮现。那交往中的点点滴滴，汇集成浓浓的感恩情愫。此刻，如同溪流，汩汩流淌在他心头，源源不绝。

误　诊

云也淡　风也轻

轻舟已过万重山

一天,高军和一个朋友来医院看望住院的童乃寿。刚进病房,一阵风吹来,童乃寿忍不住闻了起来。

“嗯,喝的什么酒？好香!”

高军说道:“老师,您还想喝啊?”

“有吗?”

“有!”

“给我点尝尝。”

“我下去,一会上来。”高军正欲转身出门,刚到门口又折回来,“不能给您喝,师娘知道要骂死我。”

“一点点,这么长时间,没尝过,没画画,你不知道我是怎么熬过来的。”

“知道,等您好了,再尝酒,再画画吧。”

“好了尝？我都是下了生命判决书的人了。这个病房,你去问护士,叫什么病房,你知道吗?”童乃寿说,“你们干脆为我准备酒,准备笔墨,我要最后一次喝酒,最后一次画黄山。这几个月来,躺在医院

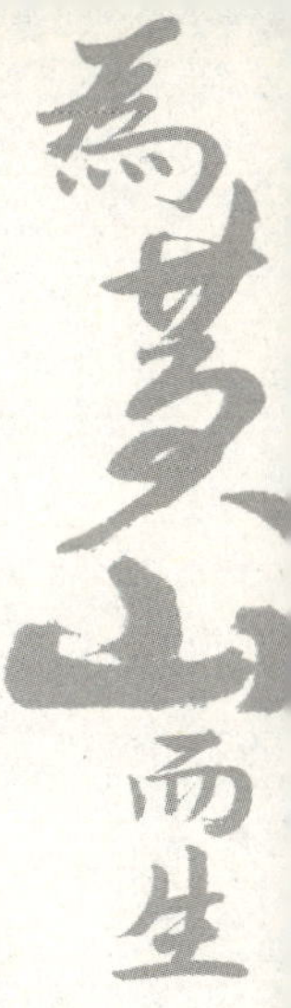

里，脑中的黄山云雾汇成千万幅画卷，可惜，没办法画啊。不行，你们给我拿些纸和墨，我在医院里画画。”

童乃寿真把医院当作画室，摆一张桌子画起来。他画的时候，许多病人、护士都来看，说画得真好，许多病人似乎忘记了病痛。画着画着，他自己也好多了，似乎没有病了。

这时，合肥市决定在久留米美术馆举办画展，邀请久留米市组建代表团前来参观。这样的展览自然是规格高、要求高，展出的全是名家作品。

童乃寿接到邀请，从医院跑回家，选取一幅满意的作品参展。

1996年，童乃寿（右二）与日本久留米市市长合影。

展览的当天，童乃寿也参加了。久留米市市长在合肥市市长马元飞的陪同下，饶有兴致地观看画展。当看到童乃寿作品的时候，他立即说道："这是童乃寿的黄山，我认得出！"他抬头一看，童乃寿正在身边，立即走过来，紧握住清瘦但有精神的童乃寿的手，说道："老朋友，再次见面，格外高兴！"摄影师赶紧按下快门，把这一情景定格了下来。

看到童乃寿出院了，还谈笑风生，许多人感到奇怪，不是说癌症晚期吗？是医疗技术高，还是真错了呢？

有一天，学生沈华堂给师母邹爱年打电话，说道："师母，我昨晚做了一个梦，老师不是癌症，诊错了。"

邹爱年听了心里格外高兴，便问樊建文："华堂做了一个梦，说你老师的病诊错了，你觉得会不会错呢？"

这话提醒了樊建文，说道："对呀，我很纳闷，但没去怀疑，因为都说梅医生是权威。权威也会有错的时候啊，何况他那么大年纪了。"

邹爱年来了精神，心想，野草青青时估计他活不到麦子黄时，麦子黄时估计他活不到稻谷归仓。这么长时间过去了，他还是好好的，肯定是误诊。邹爱年这么一想，心中高兴，说道："我们带他去上海看看。"

樊建文便与王世勇一道，陪老师和师母去上海肿瘤医院检查。

到了上海才知道，全国许多病人都到这里来看病，有位马专家非常有名，大家都挂他的号，结果童乃寿一连几天看不上病。樊建文便夜里四点爬起来挂号，终于看上了病。

马专家摸了摸童乃寿的脖子，说道："不像是癌症。"

检查结果出来了，是淋巴滤泡增生，这与粉尘环境和嗜好烟酒有关。

“谢天谢地!”邹爱年激动地差点跳了起来,眼里是滚滚热泪。

“老师,那你放疗的苦不是白吃了?”樊建文也是喜极而泣,又为老师忍受巨大的身体和精神创伤而不平。

“怎能随便放疗呢？好人也要照出毛病啊！”马专家说道。

“医生要放疗,我们哪能不听啊!”邹爱年说道。

童乃寿高兴,说道:“我们去苏州,到那里采风!”

回到旅店,他又说道:“我的肺感到不太舒服,去肺科医院看看。”

第二天,一行人来到上海肺科医院。

“他肺上有高密度阴影,估计是肺癌。”医生说道。

邹爱年从希望的云顶跌了下来,瘫倒在地,忍不住哭诉:“老天怎么这样捉弄人啊?”

仔细检查后,童乃寿不是得了肺癌,是因为他小时候得过肺结核,加上长期喝酒,肺上有钙化斑。

这么一折腾,邹爱年也没心思去苏州了,大家径直回合肥。

从上海回来,孩子们得知父亲的病是误诊,都很高兴。

天空高远,云淡风轻。

药对症了,恢复得也快,童乃寿又能夜以继日地画画了。

童乃寿因为长期的放疗,身体受到了极大的损伤。不仅人格外清瘦,听力得靠助听器,口腔损伤,只能吃稀粥、面条。

学生们知道老师真是误诊,又高兴又气愤。高兴的是老师还能画他心爱的黄山,气愤的是医生的误诊让他吃了这么多的苦,让一家人经历了难言的煎熬。

有学生提出去找医生。童乃寿立即阻止,说:“他们都是尽力的,病理是复杂的,有哪个医生愿意误诊?”

“您的苦不是白受了?”

“我也难受过、委屈过。但我仔细思考,这是上天的安排,让我抓紧时间好好画黄山,不能再出去喝酒应酬,时间宝贵;耳朵失聪,让我不再问窗外事,潜心林泉;口腔受损,让我不再贪图人世美味。我生为画家,从此后,毕生精力付丹青,一腔深情绘黄山。”

学生们想想也是,老师注定为黄山而活。多少杰出的艺术家,都是在命运的多舛中呕心沥血作绝唱。贝多芬双耳失聪留下《命运交响曲》;阿炳失明留下《二泉映月》;林散之手指受伤,书法传神……

在家休养一段时间后,童乃寿回到画院上班。

他心情愉悦,回到画院第一天,就创作了《轻舟已过万重山》。

“乃寿,这幅画与你的心境非常吻合啊!”裴家同说道。

“那是的。”童乃寿说,“从死神那走一回,真是有得有失,人生感悟大不一样。”

1998 年,长江流域在经历了冬春多雨和 6 月梅雨季节之后,7 月下旬迎来了历史上少见的高强度“二度梅”,水位长期居高不下。8 月份,长江上游的强降雨进一步加强,持续不断的大雨以逼人的气势铺天盖地地压向长江。加之长江两岸大量的湖泊被围垦,洪水找不到地方疏散,长江洪水一泻千里,险象环生。

特大洪灾牵动着全国人民的心,各级政府和广大军民全力参与抗洪抢险。

抗洪胜利后，安徽省政府为感谢南京军区赴皖抗洪救灾，准备邀请著名画家创作一幅丈二国画。领导最后选定童乃寿作画，因为他画画有激情，画黄山更是出神入化。

接到任务后，童乃寿怀着对部队官兵的感激之情，一天时间便完成了丈二国画《黄山烟云》，表达了安徽人民对南京军区部队官兵的感激之情。

这一年，童乃寿的作品还赴广州、珠海、澳门进行联展。

耳顺之年新起点

孤独　痛苦

坎坷　磨难

生命的不幸

艺术的大幸

2000 年元旦悄然而至。

元旦这一天，童乃寿创作了《世纪之光照黄山》。

站在世纪之交的回顾与展望成为电视、广播、报刊频频推出的节目，人们对未来充满了无限的期待。

童乃寿也在思考与展望。

时光如流水，在山水间，在挥毫调色间，自己将迈入 60 岁的门槛。人们常说，60 岁的男人肩上有责任，胸中有道义；60 岁的男人怀旧却不服输。这话对童乃寿而言，是适合的。孩子们都大了，有工作了。数十年的打拼，他终于在合肥有了安稳的家。但他内心还有许多遗憾，自己能如袁振所说的一样，攀登上艺术高峰吗？能成为一个美术史上有重大建树的画家吗？在他谦逊的品质之下，一颗追求不息的心常常冷静地询问自己。

古人说“五十知天命，六十而耳顺”。妻子常劝他要注意身体，少熬夜作画,但内心的理想在,也就无法“耳顺”了。童乃寿决心以60为新起点,再来搏击一番,全力冲击中国美术史上的山水大家,尤其是画黄山的山水画大师们。

对历代大家作品的再次审视,无数个日夜的苦苦作画,童乃寿进入了另一个世界,没有喧嚣,没有名利,没有欲望,有的只是理想追求。

历经一番思索、探寻,童乃寿的画风产生了一次重大变化。过去,他笔下的山水,笔墨轻灵。历经一次住院,一次心灵中与死神擦肩而过,童乃寿对生命、对人生有了新的思考,他对历史上注重笔墨老辣的书画大家有了更为深刻的认识,更注重笔墨的凝重。

2000年后,童乃寿因放疗造成听力严重受损。

童乃寿画风的变化令许多人震撼,他的画苍润混成之中,墨色淋漓,大气磅礴,令人不得不折服。经过几十年的探求,他找到了自己的艺术语言，尤其是山体的皴法，丰富了美术史上的表现形式。

当然，也有人说他变革后的作品，墨气重了。童乃寿并不理会，他深信，随着阅历的加深，随着对生命体验的深刻，人们会越来越理解他的作品。

历经特殊的人生体验，童乃寿以赤子烂漫的艺术情怀，去审视黄山的一草一木。他远离都市纷繁而虚无的诱惑，将内心融于艺术，托于黄山，直达浑然忘我的艺术天境，无视名利与权贵，无视幸福与死亡，用生命铸就童家山水的艺术世界。

跪

思念飘零在岁月窗口
永远唱着感恩的歌谣

2003 年，海南省委宣传部邀请陶天月、王家琰、童乃寿等书画家前去创作。

2003 年，童乃寿应邀赴海南岛。

海南省于 1988 年建立，文化事业急需发展。虽然路途遥远，车旅不便，大家还是乐意前往的。

各位画家到了海南，受到了热烈欢迎。陶天月的版画早在全国闻名，国画、书法敦厚清雅，墨迹遍及全国各地。童乃寿的黄山，更是拓展了美术史上山水画的表现形式。王家琰是安徽省博物馆专家，他幼承家学，初习颜、柳，后攻“二王”，1976 年，其行书作品被国家文化部、对外文委选赴日本参展后，一举成名。

海南的企业家对安徽书画家更是敬仰。为政府创作完后，企业家们轮流请他们去创作，好酒好烟招待。

开始，童乃寿还能拒绝烟酒。可是，禁不住再三盛情邀请，他又喝酒了。人家把人头马都拿出来待客，怎能不尝一下？人头马白兰地纯正平和、香味浓郁，让童乃寿这嗜酒如命的画家一尝就不可收了。

回来后，童乃寿又恢复了烟酒创作的生活。有时，省美协组织活动，一群书画家聚会，逸兴遄飞。童乃寿的山水画得那么好，年轻画家都敬酒请教，他推脱不了，更不会人家一杯他半杯，他感觉那样待人不诚。喝醉了，美协的张松会让他的弟子送他回家，有时是樊建文，有时是王仁华、胡礼惠。

这一年，合肥市文联编辑的《合肥书画院画集——童乃寿中国画集》出版了。随后，他接到一个创作邀请，为韩国原州市政厅和议会厅创作国画。他欣然接受这一创作任务，于他而言，把黄山的美景推向世界，是他心中的愿望。

一天，外面暑气正浓。童乃寿在画室起草画稿，把助听器摘下，完全沉浸在一个人的绘画世界里。他累了，坐下来休息，却突然感到腹部疼痛难耐，疼得大汗淋漓，家人赶紧把他送到医院。

检验结果出来，脾肿大，得住院治疗。

这时，一个霹雳般的消息传来了，袁振去世了。

童乃寿心中真是万般愧疚！1987 年，袁振离开安徽去北京担任中顾委委员，时光飞逝，十几年过去了。这期间，袁振多次捎信让自己去北京，却总是耽搁了。十几年是漫长的，可又像是那么短暂，在他永不知停歇的画画中，寒暑交替了十几次，童乃寿却没静下心来留意时光的飞逝。现在，因袁振的去世，他才意识到 16 年过去了。

童乃寿与夫人邹爱年在一起。

在这16年中,他总是想着要去北京看看于自己有恩的袁振书记,可在日复一日的创作中耽搁了,现在,成为一个永久的遗憾。

袁振书记为安徽文化,尤其是书画事业做出了许多贡献啊!泪水悄悄落下,童乃寿从床上滚了下来,双膝跪倒在地……

2004年1月21日,是农历除夕之夜。邹爱年和儿媳忙着做饭,几个儿子为过年而忙碌。

童乃寿独自在画室里,黯然神伤,思念化作飞绪,飘零在过往岁月的窗口。与袁振交往的点点滴滴都浮现在眼前,他想写一首诗,寄托心情,却总是不满意,便找出袁振为他作的《菊花图》,反复观摩。

吃年夜饭的时候,按照老家风俗,要祭拜天地再祭拜故去的先祖。拜完祖先后,童乃寿又带着孩子们祭拜已故去的袁振。

吃完年夜饭,家人在电视机前看春晚。童乃寿走进画室,凝神静气地画画,画出一幅《菊花图》。画完后,他题上"风雅高洁　芬芳永驻"。

"风雅高洁,芬芳永驻。袁书记,我这话是送给您的。"童乃寿喃喃地说。

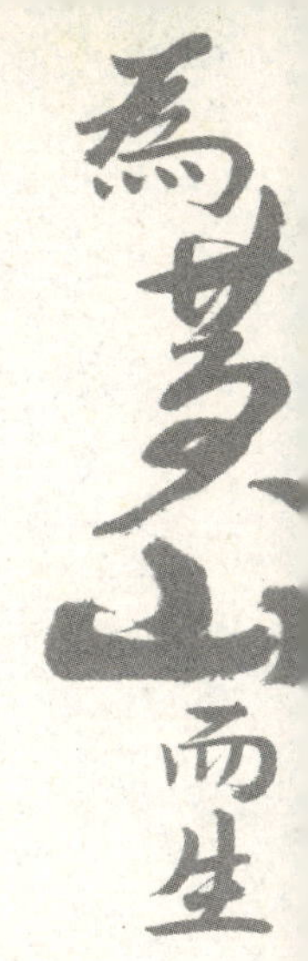

西花厅的海棠花

海棠花开

情怀高洁

在中南海西侧，有一个建于明代正德年间的建筑，建造之初为皇帝阅射之地，称之为平台，台高数丈，建有圆顶小殿。今天，称之为紫光阁。

同治、光绪时，紫光阁一度是皇帝接见外国使节的场所。但历经八国联军入侵破坏后，紫光阁由盛而衰。新中国成立后，周恩来指示重修，紫光阁成为国家领导人接见外宾的场所。

2005 年，童乃寿应邀赴京，为紫光阁创作。几年前，他的作品《黄山烟云》和《登黄山偶感》就被紫光阁收藏。这一次，他现场创作，有一点瑕疵便撕毁重来，要将黄山的神奇与美丽十分传神地呈现给外宾。作品完成了，墨色氤氲淋漓，神韵浑然天成，他将黄山的独特气质表现得淋漓尽致。

随后，他又为海军司令部创作。巨幅黄山图气势磅礴，生机勃发，催人奋进。

创作期间，童乃寿参观了周恩来故居西花厅。

收藏证书

童乃寿同志：

您的美术作品《登黄山偶感》，推荐在国务院办公厅紫光阁收藏，特发此证，以示纪念。

国务院办公厅紫光阁收藏童乃寿先生作品《登黄山偶感》。

收藏证书

童乃寿同志：

您的美术作品《黄山烟云》，推荐为国务院办公厅紫光阁藏画，特发此证，以示纪念。

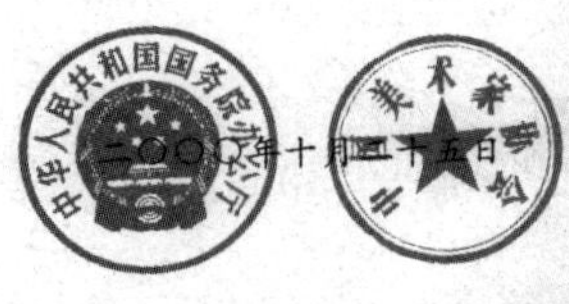

国务院办公厅紫光阁收藏童乃寿先生作品《黄山烟云》。

西花厅位于中南海西北角，是清末宣统年间修建的旧王府式四合院建筑，原是摄政王载沣住过的地方，北洋政府时，是国务院所在地。1949 年开国典礼后，周恩来和邓颖超搬到这里，作为居住和办公地点。这里始终保持着庄严、幽静、美丽与朴素的风格。周恩来的办公室里，一张办公桌，西墙放着三四个书柜，中间是一张供六七个人开会的会议桌，日常摆设着书报、杂志。除此之外，没有别的装饰品。阳光从窗户照射进来，亮堂、雅致。

厅内的右墙上，挂着周恩来、邓颖超的合影肖像，是日本的一位画家根据照片画的。照片摄于 1970 年，是他们夫妇最后一张合影，那种浓浓的亲情，让人怀念与感动。

后院一片绿地上，栽满了海棠花。

因为对周恩来人格魅力的敬仰，童乃寿忽然间感觉到海棠花是纯洁的、温和的、美丽的、友爱的。他的胸中出现一簇海棠花开的景象，花蕾粉红，花朵热烈，垂英袅袅，脉脉含情。

回到住所，他铺开纸，采用工笔画法，慢慢地画起海棠花。早些年，他随孔小瑜老师画海派工笔，但后来很少研习，主要是觉得自己豪爽的性格不太适合工笔。

这一次，参观完周恩来故居后，他深有感触。为了表达对总理朴素、一心为公品质的敬仰之情，他潜心地勾勒，慢慢地晕染，一簇风中的海棠花画好了。叶子在风中飘逸，花朵粉红，雅致洁净。题什么词来形容周总理的品质呢？他在脑中思索着，写下了“海棠不喜胭脂色，独立蒙蒙细雨中”。这是宋代诗人陈与义的《春寒》诗句，形容总理晚年岁月处境和他的风骨与品格是那么恰当。

2005年，童乃寿应邀在中南海作画。

紫光阁的一名工作人员看到这幅画，啧啧称赞，说：“这幅《海棠图》高洁，有风骨，与周总理人格多么吻合啊！”

童乃寿像遇到知音，说道：“你懂我创作心境，这幅画送给您。”

2007年11月，著名物理学家、诺贝尔奖得主杨振宁首次携小他五十四岁的夫人翁帆踏上故乡合肥的土地。

自从2001年10月回合肥之后，时隔六年，杨振宁再次回乡。这次是应合肥市政府的邀请，做客“庐州讲坛”、“中国·合肥科学家企业讲坛”，为市民做《对全球GDP猛增的反思》专题报告。

饮誉全球的大科学家情牵故乡，家乡人回赠他什么呢？大家知道，杨振宁对传统文化非常喜爱，他与著名画家范曾就是好朋友。为

此，市领导研究后决定，请童乃寿创作黄山图赠送给杨振宁。

杨振宁看到作品后，赞叹道："画得好，气韵生动，我仿佛听到了黄山的阵阵松涛！"

杨振宁收藏童乃寿国画。

第二十次上黄山

心与黄山相通

调动笔墨

风起云涌

2010 年 5 月,安徽电视台为童乃寿拍摄专题片。

童乃寿决定再次上黄山。只要站在黄山上,看云卷云舒,听松涛阵阵,他就会精神百倍,就会神思泉涌。

这是他第二十次登临黄山。从第一次登黄山开始,每一次他都是待上十几天甚至几个月。黄山实在是太美、太丰富了,每次登山回去,总能创作不少佳作。隔一段时间,又想登临,寻找新的体会。

来到黄山脚下,身穿红色外衣的童乃寿将腰带一扎,对编导刘向青等人说:“爬山,一面爬一面拍摄。”

近七十岁的童乃寿,虽然历经几次大病,并且因放疗造成身体格外瘦弱,但置身黄山的千峰万壑之中,他矫健得如同青年,似乎山间雾霭能给他无限精力,几个年轻人被他甩在身后。

爬到山顶,童乃寿自言自语,拿起画笔画了起来。他忘情在黄山的神韵之中,忘了这次登黄山还有个任务是拍摄。

云雾在变幻,黄山也在变幻。童乃寿立在山风中,全神贯注地画

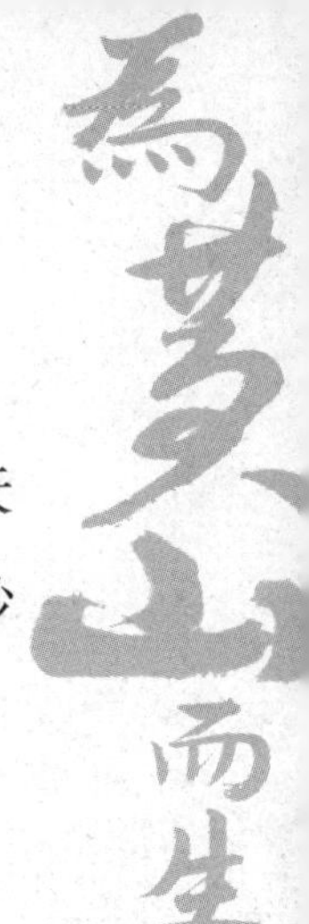

着。他目不转睛看着眼前景物,手在纸上快速调动。

他似乎在与另一位大画家竞赛,在抢风景。那位大画家就是天公,其以云为墨,以自然为纸,不断地移动着云雾进行大写意,每一秒的云雾变幻,就是一幅新的黄山画卷。

童乃寿在黄山拍摄《天下安徽人》专题片。

电视台的编导、记者看他这么虔诚执着,不忍心打扰他,随他去画、去写生,只是在一旁静静地拍摄。这其实是最自然、最真实的画面,没有刻意的摆设,没有预先策划的访谈。面对这样一位忘怀得失的艺术家,你是无法去预先策划的。

当晚,年轻人因为困乏先睡了。童乃寿在宾馆铺起纸来,根据白天的速写图,创作出大幅画卷。

“70 岁了,我还能上几次黄山?”他自言自语地说,“黄山是我师,我是黄山友。石涛是黄山知音,张大千是黄山知音,海粟老也是知音,他 93 岁高龄还步履登山,画速写无数,从师法黄山到纵情写黄山,他是楷模啊。70 岁从头来,今后岁月里,我还要踏遍黄山人不老。”

第二天,年轻人起来一看,童乃寿不见了。原来他早从宾馆出发上山了。晨曦落在他的身上,他手中拿着一个小笔记本,上面是刘海粟的一段话。他抑扬顿挫地读起来:“深入黄山,表现黄山,跳出黄山,拥抱黄山,吞吐黄山,心和黄山风风雨雨一齐跳跃,和奇峰怪石一起创作……”

他的心与黄山是相通的,他用手中的笔墨,吞吐黄山。

回来后,他立即创作了《云涌西海》《听涛》等画卷。

轰动北京

梦里常说黄山好

踏遍黄山人不老

2013年3月17日,北京沉浸在一片温暖、喜悦之中——全国两会正在首都召开。

这天上午,新任国务院总理李克强在人民大会堂金色大厅会见中外记者。

这天上午,在被誉为中国美术界最高殿堂的中国美术馆内,云集了来自全国各地的美术爱好者,以及数十家媒体记者。大家都来一睹童家山水的面貌,来感受童乃寿与黄山的刻骨情缘。

一楼的几个大厅,人山人海,水泄不通。全国各地的大画家来中国美术馆办展的不少,但有这样轰动效应的却不多。为响应中央提出厉行节俭的方针,画展没有举办隆重的开幕式,但童家山水早在北京传开,童乃寿与黄山的故事早已感动许多人。因此,国家相关领导人来了,北京、安徽的领导来了,当代美术界的顶级评论家、学者邵大箴、薛永年、夏硕琦、孙克、尚辉、刘曦林、马鸿增、刘龙庭、赵力忠、李一、王镛、王鲁湘、林阳等都来了。

开展前,大家请童乃寿说几句。他走上前,真诚地三鞠躬,让人

2013 年 3 月 17 日，童乃寿中国画展在中国美术馆开展。

观之动容。

在随后的学术研究会上，十六位评论家高度评价他的画作，对他为画黄山而付出的探索和心血表示由衷的敬佩。薛永年说他的山水既山明水秀又灵动苍润，他把古法变为自己之法，画出了天光之影，画出了朝气蓬勃。刘龙庭将童乃寿与当今画院派画家比较，认为画院派画家受西方绘画影响，画山水有艺术，但缺少冲天的气势，而童家山水，气势豪迈。李一说童乃寿发展了披麻皴法，丰富了山水画语言。

北京日报
鉴赏
童乃寿的胸中自然

展览期间《北京日报》专版介绍

新安艺苑
新安艺苑
笔墨缘　黄山情
“童乃寿中国画展”北京开展
开幕：2013年3月17日　地点：中国美术馆
童乃寿中国画展

《新安晚报》等多家媒体专版介绍展览盛况

童乃寿静静地听着，没有激动与兴奋，有的是谦逊与思考。他平静地说：“我是永远不会停止我的艺术创作的。我热爱中国文化，热爱中国画，更热爱黄山，这是我一生的情感主线。我感怀每一位对我有帮助的人，我感怀黄山对我的哺育。我对黄山是有深厚感情的，我这一生为黄山而生，为黄山而活！”

童乃寿（中）与研讨会的学术主持人邵大箴和老朋友郭公达在一起。

北京的展出让童家山水在北京迅速传开，各大画廊、拍卖行争相出售、竞拍他的作品。2013 年春，北京翰海拍卖会上，云集了齐白石、黄宾虹、李可染、陆俨少等大家的精品力作。他们收集了童乃寿 10 幅作品，每幅作品均以高价成交，其中一幅《太平人家》，经过几番角逐后，拍出 138 万元。

童乃寿不理会这些，他只思考如何去表现黄山的魅力，只思考自己笔墨上应当如何继续努力。从上海、广州、深圳和本省各地来了许多他的山水画爱好者，竞相购买他的作品。他只是不急不躁地画，不急不躁地践行自己的艺术理念。

一次，一位亳州客人来到童乃寿的画室，请他现场作画。天气炎热，他穿着背心挥毫，经过勾勒、渲染，一幅黄山图画好了。他作最后收拾的时候，这位客人激动地为他递笔，一点墨掉在画上。

“不要紧，反正这张画我要！”客人说道。

童乃寿不作声，将画子撕掉，卷作一团，扔进废纸篓，然后铺纸重画。

客人急忙将他扔掉的废纸捡了起来，说：“画得太好了，我一样付钱。”

童乃寿摇了摇头，咳嗽几声，说道：“我得对你负责，也得对我自己负责。我手上出去的每一张画都是我心血的结晶，都凝聚着我的感情，都是我的孩子。我不能让自己不满意的作品流出去，那样的话，对于喜欢我作品的人而言是一种欺骗与伤害，对于我自己而言，七十多年的心血，也就付诸东流了。”

他一面画，一面说，像自言自语：“吴冠中对自己不满意的作品毫不留情地撕掉。有传言说他邻居看他烧一次心痛一次，说又一栋房子给烧了。可是没有他的自我焚烧，就没有一代宗师的出现。一个画家，要爱惜自己的作品，更要爱惜自己的名声，不能在物欲面前迷失自己，不能啊！”

从北京展览回来后，童乃寿总是惦记着黄山的云雾松石，惦记着黄山的山壑林泉，他争分夺秒地画画。北京的研讨会上，评论家们高

2009 年,童乃寿作《松涛》(138×68cm)。

度评价,也发表了一些意见。他总是回味着、咀嚼着,他清楚艺无止境,中国美术史上画黄山的大家太多,每个人都有自己独特的追求。他要进一步汲取别人的艺术滋养,进一步跨越。

他准备再上黄山,再去亲近黄山的峰峦巨石,去聆听黄山的飞瀑流泉,去吐纳雾霭山风……那些都像是他心灵的朋友。孩子们说,等一等吧,等秋天凉爽的时候再去。

在近乎无声的世界中,他沉浸在自己的艺术天地里,勾勒、渲染。黄山的千姿百态,经过无数夜晚的对话后,更加神奇在他胸中奔涌,他要表现它的雄浑与秀丽,表现那变化无穷的魅力。

天气炎热了,他病倒了。

躺在病床上,他惦念着黄山,惦念着他的黄山画。妻子宽慰他:"你好好休养,身子好了,大家陪你上黄山。"

童乃寿笑了:"我梦里天天上黄山,我感受到了黄山新的神韵,我

正在建设中的广州童乃寿艺术馆。

要表现出来啊，积在心中，就是块垒。”

邹爱年没有办法，让孩子们把笔墨带到病房，他撑着身子，坐在床上画起来。画着画着，摇摇头说道：“我画画总要站着，那样才能与黄山的气韵相适应。”

“休养一阵子，就回家，站着画你的黄山。”大家宽慰他。

然而，病情一天天严重起来，他常常昏睡，常常喃喃自语：“黄山是我师，黄山是我友，踏遍黄山人不老……”

2014 年 3 月 19 日，黄山的春天来临，向阳坡上的杜鹃已经开放。

童乃寿平静地睡着，孩子们再也没有唤醒他。他神态安详，似乎陶醉在黄山的杜鹃幽香中，陶醉在黄山神韵里。

他与黄山同在。

附录一：

名家评论

（排列不分先后）

作为自然景色的黄山风物，在童乃寿的画面上游离于自然与心灵的两极之间；而作为艺术作品的黄山画作，又游离于传统程式和近世名家的笔墨规范与画家自家心性审美的两极之间，恰恰正是这样的游离，使得童乃寿的黄山作品脱胎于自然造物与古典范畴，而成为源于心灵而又指向当代的黄山画作的代表。

——冯远（中国文联副主席、书记处书记，中国美术家协会副主席、清华大学美术学院名誉院长）

他发挥自己的想象力，写山峰之险、瀑布之奇、云雾缭绕之幻境。他用雄健而细致的笔墨，用点擦皴染写山石、树木、水流与云气，各显其特有的力和美。画面浓淡、虚实、奇正、方圆、黑白相互穿插、转换，富有节奏与韵律。

——邵大箴（中国美协理论委员会名誉主任，中央美院美术史系教授、博士生导师）

童君每写黄山都如痴如醉，倾情挥洒，着意氤氲变幻，虚实相生，

童乃寿艺术馆

范迪安敬题

中国美术馆馆长范迪安题写童乃寿艺术馆馆名

得黄岳神韵，创自家面目。

——孔仲起（著名画家、原中国美院中国画院院长）

童先生中期的作品是严谨，新世纪以来的作品苍润浑成。一般而论，他的山水既山明水秀又灵动苍润。自古以来画黄山的画家很多，最有名的像石涛、梅清，等等，每个人笔下的黄山都有自己的长处。我们看了童乃寿先生的黄山，我觉得他得黄山之神韵。

第一，童先生的画创造了真切动人的意境，抓住了黄山的特点，又注入了自己的感受。他笔下的黄山，不是孤立存在的，而是处在群山万壑的韵律中。他能从一个角度来表现千岩万壑给他的感受，表现那种群山俊秀的感觉。他的画法继承了传统，也吸收了当代不同地区的画法，但把古法变成了他法。他的作品有笔有墨但不玩弄笔墨，不是以笔墨为最终的追求。第二，现在的画家想新意是普遍的，想突破也是普遍的，但探究艺术规律不都是能探究得到位。他的作品在出新与法度之中统一起来了。第三，童先生作品强调阴阳之变。现在有很多的画家不符合一阴一阳之为道的思想，即使表现出真境，但对内在的规律体会得不够，因此显得很空洞、很单调。所以，感谢

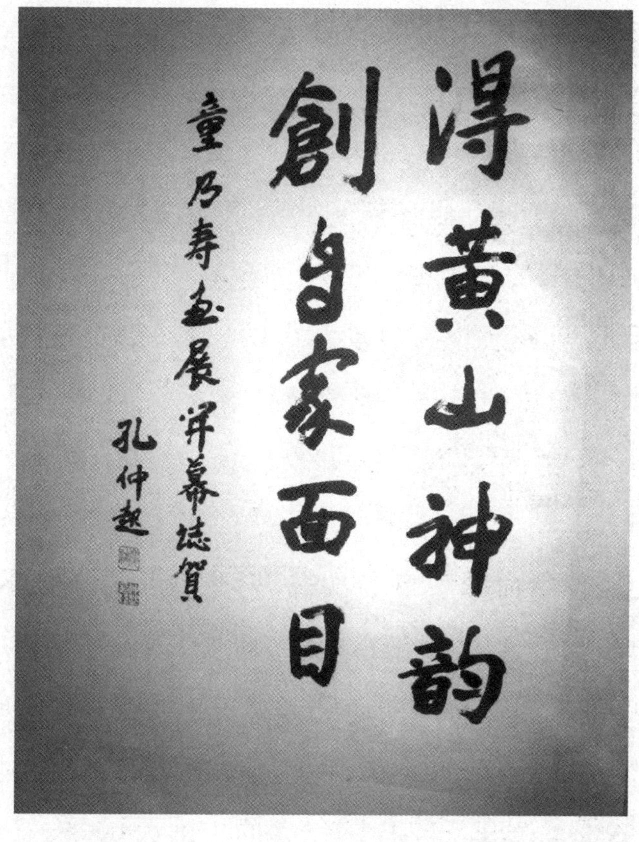

孔仲起题词

童先生的艺术及他的画论给我们的启发。

——薛永年(中央美院教授、中国美协理会委员会主任)

童乃寿先生承继传统,师法自然造化,通过大量的写生掌握了黄山的形态美,描绘峰海,以体现其整体的磅礴气势,以奇松、怪石、云海“三奇”及丰富的瀑布组合,表现出黄山天然的完美特质。他笔下的黄山,群峰叠翠,烟云流动,千姿百态,宛如仙境。

他的用笔,有时沉着厚重,力能扛鼎,如斧劈落,铿然有声;有时枯笔皴擦，简淡深远，羚羊挂角，了无痕迹。他善于用墨，善于运用墨色的不同变化，将黄山独特的气质表现得淋漓尽致。

他笔下的黄山，更具诗意，时动时静，变幻万千，有时是日出之前晨雾之下的峰峦，有时是旭日东升的云涛，有时是春雨之中的飞瀑，有时是秋色中的烟云。流畅的气韵表现在音乐的节奏与水墨的美感。童乃寿既以自我意识去表现黄山的独特峻峭和蓬勃的生命力，又以勾勒黄山美景达到忘我无我的境界。

——林阳（人民美术出版社总编）

四十年来，他生命的艰辛和欢悦，创造的激情和困惑、思索和记忆的路径，都依附于这座如画江山的奇峰怪石、云海松涛、瀑水精舍，都在这秀丽奇幻的崇峦叠嶂中展开。对于童乃寿来说，研究黄山，就是思索自己的生命历程；描绘黄山，就是表现自己的精神境界。他要用自己的笔墨赞美这几千年巍然屹立的雄山大川，歌颂它的永恒与博大，透视它的雄奇与幽秘。“黄山是我师，今作黄山友”，是他矢志不渝的信念，“写黄山风骨，铸黄山魂魄”，是他挥之不去的心结。

——贾德江（北京工艺美术出版社总编、著名评论家）

作品重气势、风骨与神韵，在静谧空灵中透出丰厚深邃……那种超忽缥缈之间，脱略行迹，而又荒率苍茫，那种若即若离境界中涵蕴的举重若轻与有意无意，无不在那虚空之中得到表现。

——徐恩存（《中国美术》杂志主编）

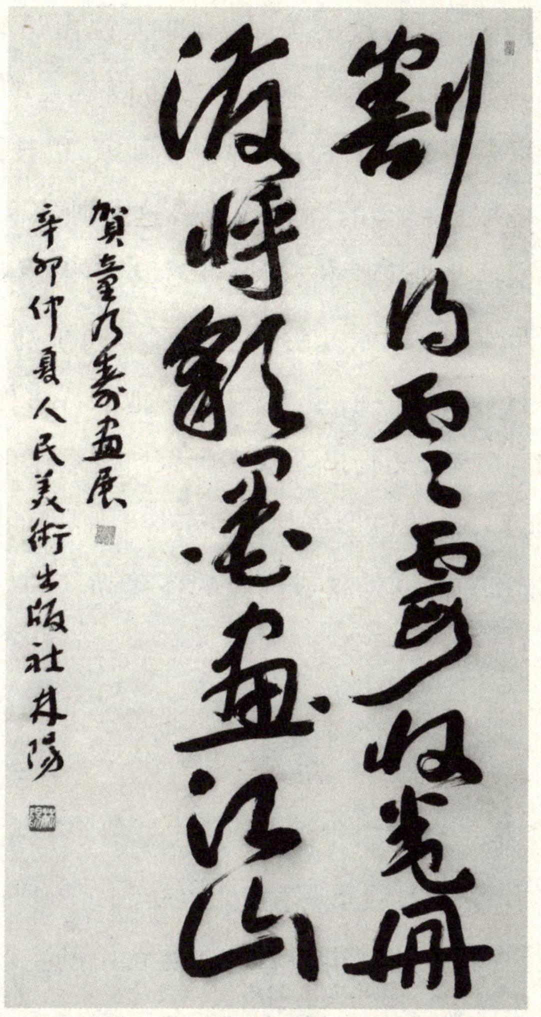

林阳题辞

我是很喜欢童乃寿的画，可以说是粉丝之一，对他作品的看法大体反映在我给他写的序言上，我不重复里面的话。乃寿的国画山水，可以说对山水结构建构的基本要素他都表现得很好，如气韵生动、笔墨精妙等。我特别喜欢他的写生作品，这一批作品的笔墨形式和情景的表现非常独特。道与技的关系,有的人说由道到技,如齐白石等;有的是由技到道的,如吴昌硕。乃寿可以说走的是齐白石的道路,道到技。画家大体分为两种:一种职业画家,以技法取胜;一种是文人画家,以意境取胜。有的画家是兼有这些画家和学者文人画家之长,乃寿具备了这些画家之长,他处世不惊,追求不息,令人敬佩。

乃寿面貌,乃寿风采,不仅在于他常有不同于别人的构图,不同于别人的笔墨与色彩的运用,更重要的是,他的许多作品既画出了山水的形色、神韵与气势,又画出了众多画家所忽略了的或表现不了的山水的风骨与肌理,并通过形色神韵气势风骨肌理的统一,显示出了山水的丰厚深邃和一种或外露或内蕴的蓬蓬勃勃的生机以及沁人心脾的静谧清灵的气息。

——郭因(著名美学家、评论家)

童乃寿先生是一个性格很温和的人,是一个老实的人。他在60年代、70年代的作品中很注重写生,他也受到了60年代以后金陵画派的影响。童乃寿先生始终很执着的是在黄山的主题下来写生和创作,这方面花了很大的工夫。黄山实在太丰富、太美了,所以历代的画家在黄山得到启发,画出的黄山都不一样,形成了各自不同的风格。石涛也画,梅清也画。童乃寿先生师法自然,最后形成了自己艺术的风格,形成的自己笔墨语言,很严谨,严谨中不乏神韵,这是很不简单、很不容易的。总的来说,他的作品是灵秀的,又在灵秀当中寻求一种浑厚。

——孙克(中国画学会副主席兼秘书长)

童乃寿先生所取得的巨大成绩,与他以黄山为师,并且刻苦努力,靠自己的悟性和勤奋是分不开的。黄山千年不改、万年不改仍是其容其貌。黄山是世世代代画家描绘的对象,阴阳更替、画风流变。面对黄山这一个大老师,为什么画出来不同的艺术?这与画家的情思、艺术、哲学的思考有关系。为什么童先生的画值得我们独立欣赏,是因为有自己个人感情,有技艺上的演变。他对黄山是真挚而深情的,我是黄山、黄山也是我,所以童先生能表现黄山神韵。

——刘曦林(中国美术馆资深研究员、原研究部主任)

看童乃寿先生的文章,感到他的思悟明远,他是一个很有思想的画家。他上黄山20多次,的确在画自己心目中的黄山。我概括他的特色,总体感觉到是气场非常强烈、气韵成熟,具体有三点:第一,意境深远,大气磅礴。黄山的美是一种蕴含着天地浩然之气的大美,他能把他心目中的黄山画出来,反映了他胸襟阔大。第二,笔墨苍润,尤其是后期的作品又苍润又灵秀。云气升腾、水波酣畅,两者巧妙地融合在一起。第三,气质俱甚,黄山的精神和特质在他的笔下都得到了很好的表现。不光是在山水的表现上,还有黄山松,画出了君子之德风。我觉得童先生就是"童黄山"。

——马鸿增(江苏美术馆原副馆长、著名评论家)

今天中国山水画当代的气象和面貌上,几乎忽略了安徽黄山、太湖流域的山水画家的创新性。童乃寿先生的作品,对我们比较全面

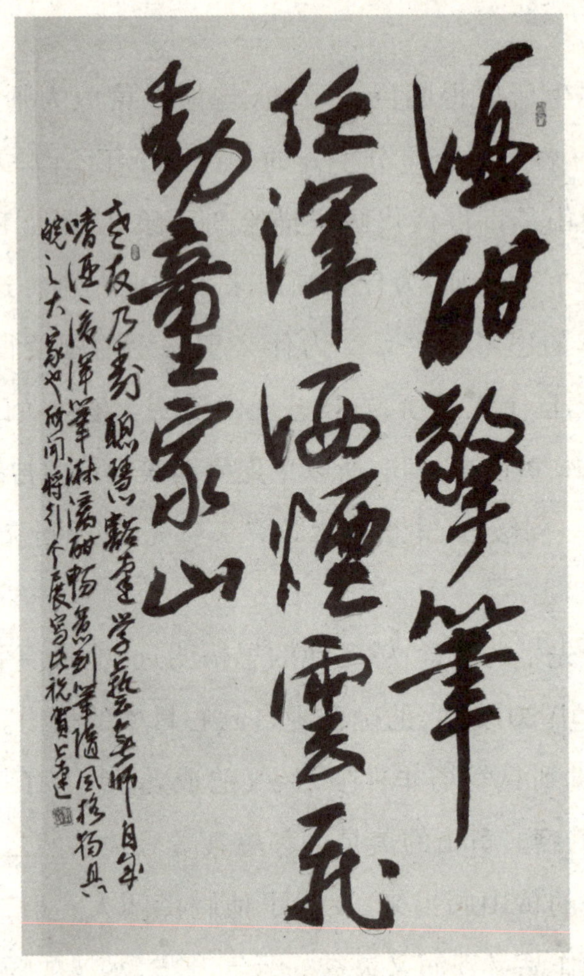

郭公达题辞

地审视当代中国画坛的山水画发展有很好的导引作用。童乃寿先生画的无疑是大黄山，画法方面形成了独特的面貌，比如说云的变幻、松的奇险，尤其是黄山巨大的花岗岩石块所形成的特点，可能和今天我们所看到的画北派的山水用笔的方法是有区别的。所以他既有亚明的苍劲，同时也具有魏紫熙的厚重，甚至把用笔的苍劲和这种笔墨渲染之间的转换,有机地融合在一起,在某种意义上克服了新金陵画派比较模式化的笔法。这种用笔上和意境上的突破,很显然来自于童乃寿先生画黄山的独特感受和长时间的写生所造就的。

——尚辉(美术杂志执行主编、理论家)

乃寿在很艰苦的条件下,坚持创作,才有今天的成果,很不易。他师从不少名师,但主要是从大自然感受,从大自然学习。他一到黄山就很长时间,而且对黄山的感受非常深。他既有灵感又用功,过去我们经常在一起上黄山画画,路是他自己一步步走出来的。

——郭公达(全国著名画家、安徽美协名誉主席)

童乃寿先生的画作有生机,看了他的画以后能想到黄山的烟云变幻,感觉到山峰拔地而起,有一种冲天的感觉。童乃寿先生师法自然、尊重传统、寻根探源。童乃寿先生淡泊名利,画里有真山真水的感觉。

从童乃寿的画里面,我看到了很多大家的笔法,特别是披麻皴,在当代画家中是很少用了,他发展了笔墨语言。

另外,童先生的书法我很欣赏,他的书法比较俊秀,很好看、很严谨。当代的画家包括一些著名的画家,书法不行,从童先生的书法可以看出他的学养。

——刘龙庭(人民美术出版社资深编审、评论家)

看童先生的画,感觉他用的笔法比较多,有的是用干笔湿墨,有的是连勾带皴，显得在表达对象的时候很丰富，另外传达对自然感受的时候也很细腻。

童先生的黄山画出了清新、灵奇的风格，他画里面云间的描绘、山峰的皴法，都值得许多画家学习。

——夏硕琦（《美术家杂志》主编）

童先生画皖南山水，生活气息浓厚，用笔很率意。画黄山，笔法多姿，他不仅是接受了新金陵画派的东西，还接受了一些北派的技法，包括李可染的房屋建筑的线条，是一种俊秀与拙意的结合，是南派与北派的结合。

——赵力忠（中国国家画院资深研究员）

乃寿先生的画，体现了黄山的烟云变动、苍茫之境。技法上，他在皴擦方面有新意也有新法，丰富了我们山水画的语言，这是童先生的一个创造。特别是他湿的擦法，把云和树之间的那种苍茫之境、变化表现出来了，这是非常可贵的。

——李一（中国美协理论委员会副主任、秘书长，《美术观察》主编）

童乃寿先生是当代安徽中国画名家，他以黄山题材的山水画著称，师法造化，妙造自然，营造诗的意境。他的作品崇尚自然，善于营造意境，体现了诗性。

当今诗画兼工的画家寥寥无几，不读诗书的画匠则比比皆是，所以时下流行的山水画普遍缺少诗意,不含蓄,不耐人寻味。中国传统文化精神的流失在很大程度上是诗性的流失,这也就从内里抽空了中国画传统文脉的底蕴,童先生的作品则诗性弥漫。

——王镛(《中华书画家》主编)

以黄山为自己创作主题的画家古今以来有很多,一般都要经历三个阶段。第一个是"黄山是我师",还有一个是"黄山是我友",最后一定要达到"黄山就是我"这么一个境界。比较历史上几大家,我觉得渐江更靠近"黄山是我师",梅清更靠近"黄山是我友",而石涛做到了"黄山就是我"。童先生的画也经历了这样的阶段。

我比较喜欢童先生 90 年代的泼墨,他的泼墨是非常见性情的。他是一个很豪放很有激情的人,在泼墨中,他掌握得最好的就是黄山的云气以及以黄山为背景的远山层次的丰富性,云的湿气、光亮和流动都在泼墨中见出来了。

——王鲁湘(凤凰台的主持人、中国国家画院研究员)

他的黄山山水似从黄山来,又不同于原有的黄山;从新安画派来,又不同于渐江、查士标。

他有师古人的扎实功底,还有师造化的高超本领,更有超越前人的胆魄和气度。

看乃寿先生的黄山图,你会被他所营造的那种宏大的气势所震撼,也会被他画面中所生发出的气韵所感染。走进乃寿先生的黄山世界,犹如进入仙境,煌煌然而壮美,飘飘然而宁静,这就是乃寿先生心中的黄山。

——吴雪（中国书协理事、安徽省文联副主席、安徽省书协副主席）

他们这一代人没有地域、画派之分，但我还是愿意把童老画的风格放到新安画派这个脉系里。黄山是新安画派所有画家表现的主要对象，从这个脉系来看，他所有画黄山的作品，都从这种笔墨的感受中找到了一种情趣。

童老的画境通过诗意来体现。在他这一代人身上有大我之行、雄健的笔触情怀，他的作品展示的是文化大餐，是一种精神享受。

——傅爱国（巢湖学院副院长）

我们要感谢乃寿先生，这么多年来在艺术苦旅之中不停地耕耘着、前行着、攀登着。他是一个充满激情的人，他的画作也充满着激情。用盲目的心态去表现黄山，是画不好的，因为站在黄山面前，你无法平静，天公也是拿着大笔在那不停地写意，云彩变幻。

因为对黄山有着深厚的感情，乃寿先生才能够把黄山最美的一面、最动情的一面表达出来。他的后期作品在表达这个前提下，笔墨又逐步表现出一种苦涩、冷峻、厚重在里面。他有相当长一段时间是受着病痛影响的，他能够坚持自己的信仰，以自己独特的眼光去观察世界、表现世界，我们安徽美术界能够有这么一位画家，我们感到自豪。

——张松（中国美协理事、安徽美协主席）

晚年童乃寿在黄山采风。

童老画山水，法度严谨，神、情、境俱见，不惊不妙。

他的山水画，特别是七八十年代的写生作品，能看出来他有深厚的造型基本功和国画笔墨塑造山形的基本功。近四年来，他画大幅的黄山作品已经脱离了实景的黄山，那一山、一峰、一树、一石的写生，是画他心中的黄山。

他画黄山跟别人不同的地方很多,如他对云的处理。他后期的黄山作品,山的墨色、墨气很重,大块的黑和白怎么融合在云气中,哪里空白、哪里灵动,我觉得他是做了很多的探索。还有一些画,特别是在右上角一片空的,这片空的题字也好,基本上是用云代替,这是他作品的特点。

——钱念孙(安徽省文艺评论家协会主席)

我与乃寿相处很长时间,我们是 1952 年认识的。他在小学教美术的时候,作品就比较出众,当时以花鸟为主。

乃寿是注重写生的,祖国的名川大山他都跑遍了,很执着、很勤奋。在山水画中,他是从写生中来表现出安徽的山山水水,构图很完整,特别是笔墨的运用很独特。

——裴家同(合肥市美术家协会名誉主席)

几十年来,我们一起生活、创作,我们一起进画院,相互是非常尊重的。

童乃寿的山水主要以黄山为题材,童乃寿画的黄山,是他自己在几十年摸索和创作中总结出来的。画山水要有传统的功底,师法自然,走向自然,他一次一次地到黄山去写生,多年来在研究、探讨黄山的表现力上下了大功夫,才形成了现在的独特风格。

怎样把黄山变成自己的黄山,对画家来说很难、很难!他做到了,是乃寿刮起了黄山风!

——王守志(合肥市美术家协会主席)

我和乃寿有深厚的友谊,交往近四十年。我俩都有酒量,喝酒的故事能写本书,童乃寿是逢场必醉,喝醉了画意大发,他醉后像个活济公,一切都不当一回事。

乃寿的画雅俗共赏。他是个天才的艺术家,但也是付出了艰辛的劳动,才能成就今天的童乃寿。

——周彬(合肥市书画院名誉院长)

童老的画是以自然来体现笔墨传情,以水云为气,万象更新。他在中国画的创作中,笔墨和水的运用确实有他自己的特点,在皴法上也有他个人创新的东西。他追求个性,讲究原创,走近魏晋,才能进入享受古人的传统精神的魅力之中,童老在这方面给我们做出了很多的探索。

——刘晓明(合肥市文联副主席)

童乃寿先生的知名度可谓是家喻户晓的,他从艰苦的条件中走出来,非常勤奋。1984 年到 1989 年,他走过了很多大山,特别是在黄山,一住就是半年时间,非常勤奋,从早画到晚。

童氏黄山的笔法,很清秀又厚实,是一种表现黄山较好的体现形式,画得非常细腻、大气。那种表现出来的独特的黄山意境,那种对云的独特塑造,那种水气、墨气的运用,那种皴法,可以说,表现出的黄山既真实又不真实,正是童老心中的黄山,又是评论家和老百姓非常喜欢的黄山,这才叫雅俗共赏。

——凌徽涛(合肥市书画院院长)

唐代的时候，就提出来“外师造化，中得心源”这个理论，而现在画画的往往不外师造化，大自然摆在我们面前，我们怎么画它，童老的作品给我们很多启示。他艺术成就的取得，与他大量写生是有紧密关系的，要没有前面的外师造化，后面怎会有自己对自然的感受，在笔墨上怎会有这么多的表现形式，更不会是现在这个创作模式。他对我们重视笔墨、重视对大自然的写生创作，有很多的借鉴作用。

——王永敬（文艺理论家、画家）

欣赏过童乃寿先生山水画、特别是他的黄山题材作品的人，几乎都有一个共同的感受：大气灵动，蔚为大观。面对他的画，你不禁寄情于山、钟情于松、怡情于云、忘情于水。在他的笔下，云和水是有生命的、有灵魂的，山和松是有个性、有思想的……

他从多年对黄山的写生中，既获得了“离形得似”之美，又收到了“近而不浮，远而不居”的韵致。这种人文精神折射出他鲜明的艺术个性——以骨为美，以气为尚。在他的笔墨和作品中，“骨”和“气”是精神、理想、品质、境界的表征，虽具清起之美而不失气势磅礴之光……他的山水画作，就像巍然屹立的黄山那样经久不衰地散发着独特的魅力，吸引愈来愈多的有识之士前来观赏、品味和分享……有人说：“屈原，诗魂。”我说：“童乃寿先生，黄山的魂！”

——尹广（广州市白云区区委宣传部常务副部长，广州市作家协会理事，资深艺术评论家）

附录二：

童乃寿年表

1941 年　1 月 1 日，出生于安徽省巢县柘皋镇王庄村，其父童兴友解放后参加革命，为中共党员，按童氏辈分为其取名乃寿。

1947 年　始读私塾三年有余，在上私塾期间开始学写书法，并结识民间画师柳远宏，受启蒙老师影响开始临摹《芥子园画谱——山水卷》。

1951 年　新中国成立后，转入公立田埠尹小学继续学业，其父任镇供销社主任。其对国画日渐痴迷，结识巢县书画名宿舒荫黎先生，并得到舒先生指点。

1953 年　年底，其母病逝。

1956 年　升入巢县黄山中学学习。

1958 年　中学毕业，只身一人来到省会合肥，拜在合肥二中任教的同乡童雪鸿先生(国立杭州美专毕业)为师学习国画。考取合肥市西市区职业中学学习美术。

1959 年 通过层层考试,进入安徽艺术学院国画班学习。童雪鸿也被调进艺术学院,担任国画系副主任。

在艺术学院,师从花鸟、治印老师孔小瑜先生、童雪鸿先生,山水老师张君逸先生,素描、水粉老师王碧梧先生。

同年,经童雪鸿先生引荐结识合肥萧龙士先生、明教寺画僧懒悟和安徽师范大学王石岑先生等安徽书画名家,绘画技艺、见识大幅提高。

1960 年 毕业后分配到合肥市稻香村小学任美术教师。

1962 年 进修于合肥师范学院学习一年中国美术史、古代画论、近代美术理论和古汉语,画艺自此长足进展。

5 月,开始在市文联的领导和组织下进行各种形式的美术创作活动,当时创作的美术作品《春艳》参加“安徽省纪念延安文艺座谈会讲话发表二十周年展”。

1964 年 进入省手工业干校学习两年,毕业后留校从事宣传工作。

1968 年 与夫人邹爱年结婚。

1969 年　“文化大革命”开始,受到波及,自愿申请调入合肥纸箱厂继续从事宣传工作,继续从事国画艺术创作。

1970 年　首登黄山写生创作 1 个月。长子友志出生。

1973 年　7 月,登黄山写生创作为期 3 个月有余。次子友辅出生。

1974 年　赴皖南泾县、黄山写生,创作了大量写生作品。

1977 年　初春应安徽省新闻出版局邀请随全国著名画家方济众、应野平等赴皖南、皖西写生 40 余天。期间,与方济众、应野平结成师生谊。

写生期间,遇上画家刘旦宅,并与蔚天池、刘旦宅、陈达、曹汶、华其敏、华拓等全国各地书画家相结识并进行笔会。

1978 年　创作的《黄山初霁》参加安徽省书画展并入选《安徽国画选》出版。同年,其创作的国画《桂林山水》在《安徽日报》发表并被收藏。

1979 年　同安徽名家萧龙士、梅纯一、张贞一、张建中等 20 余人在巢湖进行为期一个月的书画研究、写生活动。6 月创作国画作品

《雨后飞瀑》在《安徽画报》刊载。

1980 年 初春参加省书画院组织的赴浙江天目山、富春江，安徽新安江、歙县、黄山写生活动。三子友和出生。

1981 年 5 月，参加省画院组织的“峡江行”，赴长江、嘉陵江、峨眉山、青城山、乐山等地进行写生活动。与王守志一起雨中体会山色空濛意境，山水画创作理念为之一变。

1982 年 2 月，黄山山水画《黟山丘壑》《桃溪烟雨》等五幅作品在美国展出；12 月，国画作品《雨瀑图》获“安徽省美术作品展优秀奖”。

1983 年 7 月，国画作品《峡江初霁》《西岳碧嶂》在安徽美协《画刊》刊载。为时任国务院副总理的万里出访美国马里兰州创作国画《合肥十景》十幅作品，作为礼物赠送美国友人。

1984 年 成立合肥书画院，被调入专职从事国画创作。同年，国画作品《峡江烟嶂图》获安徽省职工书画展一等奖，同时参加全国职工书画展，国画作品《黄山雪霁》入选“庆祝建国三十五周年安徽美术作品展”。

1985 年 12 月 国画作品《空谷飞瀑》在中国画艺术丛集《朵云》

第九期刊载。

1986 年　国画作品《岁寒三友图》被安徽美术出版社收入《1986 年安徽年画》并出版发行。

1987 年　5 月，扇面作品《黄山》入选“华东六省一市册页扇面作品联展”，翌年赴香港参加“中国东部名家册页扇面作品展”展出。

7 月，国画作品《峡山一角》入选“安徽现代中国画展”赴德国展出。

1988 年　6 月，扇面作品《黄山烟嶂》在中国驻外使馆展出。

9 月，被国家农牧渔业部聘为花鸟画工艺品评比评委。

1989 年　国画作品《黄山四条屏》《黄山烟嶂图》被安徽美术出版社收入《1989 年安徽年画》并出版发行。

1991 年　4 月，国画作品《黄山云谷寺》被中国美术家协会刊物《美术》刊载。

7 月，国画作品《黄山烟云》入选“庆祝中国共产党成立七十周年安徽省美术大展”。

10 月，巨幅丈六通屏国画作品《黄山西海群峰烟云揽胜》在日本东京中日友好会馆展出。

1992 年 4 月，创作国画作品《黄山烟云》参加中美协主办的“92 年国际水墨画大赛”获优秀奖。黄山山水画参加台湾大中市“92 年两岸美术观摩展览”。

10 月，创作十幅黄山山水画参加由安徽省政府外事办在美国旧金山、纽约举办的“黄山风光展”展出。任合肥市美术家协会副主席。

1993 年 国画作品《黄山烟云》入选“全国首届中国山水画展览”。国画作品《九华烟云揽胜图》参加在新加坡举办的展览并被当地佛教协会收藏。

1994 年 国画作品《黄山烟云》入选中国美协在美国纽约东方画廊举办的“中国首届山水画精品展”，并被美国机构收藏。

4 月，参加合肥市代表团出访日本，进行中日文化艺术交流活动。并应邀为合肥友好城市久留米市政厅创作国画黄山山水作品。

12 月，被评为“国家二级美术师”。

1996 年 5 月，国画作品《黄山晨曦图》入选“安徽省‘黄山松精神’绘画、城市雕塑、纪念章设计联展”并获一等奖。

1998 年 5 月，国画作品黄山山水参加由中国扶贫基金会和中国美协主办的“中国首届功在千秋书画扶贫大展”并捐赠画作。

为安徽省政府感谢南京军区赴皖抗洪救灾，创作巨幅丈二国画作品《黄山烟云》赠送部队。赴广州、珠海、澳门举办国画作品联展。

1999 年月　10 月，国画作品《黟山春雨》入选“庆祝中华人民共和国建国五十周年安徽美术作品展”并获优秀奖。国画《黄山晨曦图》在《美术》杂志刊载。

2000 年　9 月，国画作品《黄山烟云》经中国美协推荐被国务院中南海紫光阁收藏。

2001 年　7 月，国画作品《登黄山偶感》经中国美协推荐被国务院中南海紫光阁收藏。

2002 年　5 月，国画作品《登黄山偶感》被遴选载入《中南海紫光阁藏画集》出版。

2003 年　由合肥市文联编辑合肥书画院画集——《童乃寿中国画集》出版。应邀为韩国原州市政厅和议会创作国画作品。

2005 年　10 月，国画作品《黄山烟云》参加“第十六届国际美术大会美术作品系列展”。应邀赴北京为中南海紫光阁、海军司令部创作国画作品。

2007 年　中国画作品参加在香港举办的“合肥书画院美术作品交流展”。

2009 年　10 月，创作国画作品《八百里黄山松云揽胜》参加“经典回顾与现代思考中国画提名展”。《美术时空》专辑《童乃寿国画作品集》出版。国画作品参加“六省省会城市画院联展”。国画作品十幅参加“合肥画院福州作品展”。

2010 年　5 月，第二十次登黄山写生，同时，安徽电视台《天下安徽人》栏目组在黄山摄制专题片《山水画家童乃寿》上、下集并播出。国画作品参加“安徽省各地书画院作品巡回展”。

10 月，参加“中国画名家四条屏作品展”。

12 月，国画作品《黄山之晨》《云中奇松》参加“写意精神——新安画派古今中国画创作邀请展”。被评为“国家一级美术师”。

2011 年　3 月，国画作品参加“2011 年学术迎春展”。

5 月，《人民日报》海外版发表作品《散花坞》和评论文章。

6 月，参加“庆祝中国共产党建党九十周年合肥市美术作品展”。

8 月，由人民美术出版社编辑《中国当代名家画集——童乃寿》出版发行。

9 月初，十幅山水作品参加合肥画院兰州展，9 月中旬赴美国纽约参加“水墨情缘纽约中国画展”。

10 月 5 日，在安徽省博物馆举办“童乃寿中国画展”并被馆藏山水、花鸟、书法作品十幅。

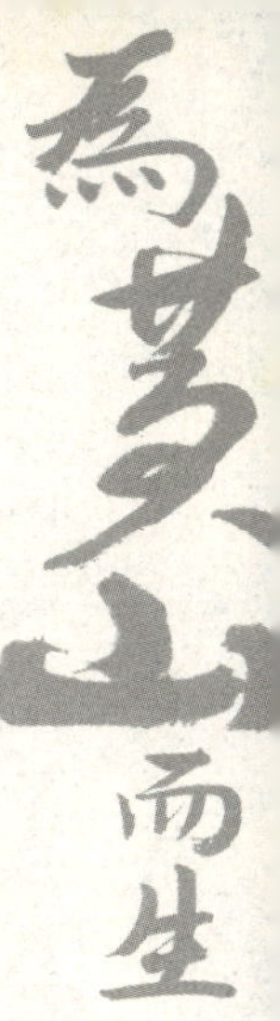

2012 年　4 月，由天津人民美术出版社编辑《中国近现代名家画集——童乃寿》出版发行。

10 月，在合肥市文交所举办“师法黄山——童乃寿精品画展”。

2013 年　3 月 17 日，由安徽省委宣传部等单位联合在中国美术馆举办童乃寿画展，著名评论家邵大箴、薛永年等人参加研讨会。

5 月，在北京翰海 2013 年春拍会上，云集了齐白石、黄宾虹、李可染、陆俨少等大家的精品力作。其中，童乃寿十幅作品，每幅作品均以高价成交，其中一幅《太平人家》，拍出 138 万元。

11 月，在陕西省西安市美术馆举办童乃寿、陈冬至（原天津美院院长）、范华（陕西省国画院院长）李智纲（天津美院教授）四人联展，展出 30 余幅黄山题材作品。

2014 年　3 月 19 日 17 时在合肥病逝。

7 月 26 日，在上海朵云轩画廊举办“梦回黄山——童乃寿中国画展”，展出其各个时期的 60 幅山水、花卉、书法精品。

后　记

我写人物传记，都是被人物的某一品质打动，进而去关注他的方方面面、去深入他的内心世界，从而有了创作的冲动，才有力量和勇气去写作。写诗人海子、黄梅戏艺术宗师严凤英、中国气象学泰斗叶笃正都是这样。

写童乃寿也是这样的。

童乃寿的山水画我是十几年前在一家画廊里认识的。春天，细雨蒙蒙。画面上墨色氤氲淋漓，神韵浑然天成，静谧空灵的气息似从远古、从未来而来，沁人心脾。

走近童乃寿，更为他的人品所折服。他对中国文化、对国画是那么热爱，尤其是对黄山的、对黄山的一草一木更是发自内心的喜爱。他的确是为黄山而生。尤其是当他被误诊后，因化疗身体受到极大创伤，但他以极大毅力，在一个无比清静的个人世界里，倾心于黄山画的创作。每一卷作品，都是他心血的结晶，每一篇作品，都凝聚了他对黄山的一往深情。

一个大画家，不仅仅是笔墨技法上有卓越成就，还需要有高尚的道德情操。童乃寿在他的绘画思想上，可谓海一般深邃，天空一般辽阔。但绘画之外,他极其单纯,单纯得透明。他没有为名为利的心机,他没有议论他人短长的闲情。他永远是宠辱不惊,永远是不知疲惫地画画……

正是被童乃寿的艺品与人品所打动。三年来,我一直与他做心灵对话,乃至隔一段时间就想去看一看,在我的情怀深处,他一如我的亲人。也在一种敬仰和欲罢不能的创作心态中,去勾勒他的艺术人生。

但我深知,因为他的淡泊情怀,这书所描绘的也仅是他的一些侧影。他的人生、他的思想,尤其他的艺术,是浩瀚博大的。

在此我要感谢童乃寿的家人,感谢他的艺术同道、亲友郭公达、裴家同、周彬、凌徽涛、周友林、耿立军、陈廷友等,还有他的弟子王仁华、胡礼惠、高军、樊建文等,都在百忙中接受采访,让我一步一步走近童乃寿,也一次又一次接受精神上的洗礼。

周玉冰

2013 年 8 月 28 日于栀香居